Hans Jürgen Herrmann
Albrecht Lohrbächer

Wer sein Leben verliert...

Die Frage nach dem Sinn

Oberstufe Religion
Herausgegeben von Eckhart Marggraf und Eberhard Röhm
Lehrerheft/Schuljahre 10–13

Calwer Verlag Stuttgart

Der Calwer Verlag ist Mitglied beim Verlagsring Religionsunterricht (VRU)

ISBN 3-7668-0606-8

Druck: Offizin Chr. Scheufele, Stuttgart

INHALT

ABKÜRZUNGSVERZEICHNIS

A - Alternative Vorschläge

EMZ 1 - Evangelische Medienzentrale Karlsruhe

EMZ 12 - Evangelische Medienzentrale Stuttgart

LBS - Landesbildstelle

M - Medien

ML - Medien im Lehrerheft

MRU - Modelle für den Religionsunterricht Calwer/Kösel

ThF - Theologisches Forum

ru - Zeitschrift für die Praxis des Religionsunterrichts Calwer/Kösel

1. EINLEITUNG

1.1 DAS THEMA

Die Sinnfrage ist die elementarste und zugleich schwierigste Frage des Menschen. Unzählige Antworten sind auf diese Frage schon gegeben worden. Zum Wesen der Sinnfrage gehört es, daß sie von jedem eine eigene, für sich selbst absolut gültige Antwort abverlangt, - eine Antwort, die sich vielfach offener in Verhaltensweisen als in Worten ausspricht. - Den Standort der Autoren signalisiert der Titel. Eine ausführlichere Antwort geben die Thesen.

===> 2. Informationen zur Sache - Thesen und Zitate, S.8 ff.

1.2 DAS ZIEL

DIDAKTISCH:

Das Unterrichtsmodell möchte helfen, die Sinnfrage so zu artikulieren, daß persönliche Betroffenheit und Offenheit in Frage und Antwort möglich werden.

INHALTLICH:

Das Unterrichtsmodell möchte aufzeigen

- Warum die Sinnfrage eine Frage ist, 'die mich unbedingt angeht' (P. Tillich)
- Wie sich die Sinnfrage in verschiedenen Lebensbereichen stellt
- Was 'Kriterien einer befriedigenden Sinnantwort' sein können

===> 3.3 Lernziele, S.19

ZIELGRUPPE:

Das Unterrichtsmodell beruht auf einer Arbeitshilfe für die Kollegen in Baden-Württemberg zum Lehrplan der Reformierten Oberstufe. Nach einer intensiven Erprobungsphase erweitert und weiterentwickelt, wendet sich nun das Modell an alle, die das Thema in einer anspruchsvollen und ansprechenden Weise in Gruppen bearbeiten möchten:

- an alle Schüler etwa ab Klasse 10
- an Arbeitskreise in der Gemeinde
- an Arbeitskreise in der Erwachsenenbildung

1.3 DER AUFBAU

BAUSTEINE:

6 variable Bausteine gliedern das Modell und geben so durch ein grobes Raster eine Orientierungshilfe in diesem weiten Thema. Jeder Baustein führt einen Themenaspekt aus. Auch die Bausteine sind in

sich gegliedert. Sinn des Bausteinprinzips ist eine größtmögliche Variationsbreite bei Beibehaltung durchdachter Einheiten zu gewinnen. Es können sowohl die Bausteine in ihrer Reihenfolge als auch die einzelnen Einheiten innerhalb der Bausteine variiert werden.

==> 3.2 Die Bausteine, S.18

==> 3.4 Vorschläge zur Unterrichtsplanung, S.20 f.

==> 3.5 Unterrichtsplanung, S.22 ff.

JOKER:

Die Teile 0 und 6 sind wie Joker einsetzbar. Sowohl die motivierenden Vorschläge in Teil 0 wie auch die Beispiele in Teil 6 können unter den verschiedensten Inhalten eingebracht werden.

1.4 Die Didaktik

Wichtige didaktische Einsichten sind gewonnen worden:

- in einer langen Unterrichtserfahrung zum Thema Sinnfrage
- in der kritischen Auseinandersetzung mit den wenigen bisher erschienenen Unterrichtshilfen und Textsammlungen zum Thema
- in einer intensiven Erprobung der Arbeitshilfe 'Sinnfrage' (→ 1.2)
- in einem Werkstattseminar mit 25 Religionslehrern und -Philologen zur Revision der Arbeitshilfe

SCHÜLER:

Das Schülerheft ist ein Leseheft, nicht bloß Materialsammlung. Es soll Spaß machen, sich mit dem Thema zu beschäftigen. Der Lehrer sollte sich jedoch nicht einfach an den Materialien im Schülerheft 'entlanghangeln', sondern auswählen, flexibel vorgehen, mit Filmen und Bildern umgehen usw. Das Lehrerheft möchte Mut machen zur eigenen Unterrichtsgestaltung. Dazu leiten z.B. die vielen Alternativ-Vorschläge an.

==> 3.4 Vorschläge zur Planung, S.20 f.

==> 3.5 Unterrichtsplanung, S.22 ff.
(beachte: 'A' = Alternativ einsetzbar)

==> 5. Ergänzungsmedien, S.69 ff.

Die Sinnfrage ist ein 'intimes' Thema. Es gehört etwas dazu, in der Schule eine Atmosphäre zu schaffen, in der nicht nur theoretisch, sondern persönlich und offen über das eigene Leben, über Ziele und Erwartungen gesprochen werden kann. Wichtig in diesem Zusammenhang ist eine kooperative Unterrichtsplanung, damit Schüler und Lehrer sich gemeinsam darüber klar werden, was sie sich untereinander zumuten möchten.

Hilfen zur kooperativen Planung:

==> 2. Informationen zur Sache - Thesen und Zitate, S.8 ff.

===> M 1 (Schülerheft) Soll das Leben einen Sinn haben ...

===> 3.2 Bausteine, S.18

===> 3.5 Unterrichtsplanung, Teil 0, S.22

Es sollte alles unterstützt werden, was eine offene Gesprächssituation ermöglicht und fördert, z.B. eine kreisförmige Sitzordnung, ein offenes, kooperatives Lehrerverhalten, Spiele und Übungen zur Verbesserung von Kommunikation und Vertrauen, gemeinsame Unternehmungen (Wochenendtagung) usw.

MEDIEN:

Wichtig ist es, bei diesem existentiellen Thema die Erfahrungsebene anzusprechen. Wo immer möglich wurden Medien bevorzugt, die den affektiven Bereich ansprechen, in dem auch bekanntlich Lernerfolge besonders nachhaltig sind. Solche Medien sind z.B. erzählende Texte, Spiele, Bilder, Filme. Hierher gehört auch der Hinweis, daß die eigene Erfahrung in der Gruppe mitunter das beste Medium ist. Neben dem Schülerheft sind im Lehrerheft viele Anregungen zu finden.

===> 3.5 Unterrichtsplanung, besonders mittlere und rechte Spalte

THEOLOGIE:

In der Vielfalt der Impulse soll die Eindeutigkeit theologischer Aussagen nicht untergehen. Die theologischen Texte geben hier so etwas wie ein Koordinatensystem ab. Die theologischen Beiträge sind jedoch bewußt nicht so geordnet, daß sie als 'Lösung am Ende' stehen. Hier ist die Überzeugung maßgebend, daß die biblische Theologie dann lebendig wird, wenn sie in die jeweilige Situation 'eingewoben' wird. Es läßt sich leicht für jeden Themenaspekt der Sinnfrage aufzeigen, inwiefern hier Theologie und christlicher Glaube gefragt sind.

===> Problemskizzen zu den Teilen 1 - 6 in: 3.5 Unterrichtsplanung

Gott nicht nur an den Rändern, sondern mitten im Leben, nicht nur im Leiden, im Tod, sondern Gott im Glück, in der Liebe zu suchen, diese wichtige theologische Forderung Dietrich Bonhoeffers hat ihre theologische und didaktische Bedeutung gerade für die Sinnfrage.

1.5 Die Literatur

Zur Behandlung dieses Themas sind einige Bücher unerläßlich, die der Lehrer für sich oder für die Schulbibliothek anschaffen sollte:

1. H. Gollwitzer, Ich frage nach dem Sinn
2. H. Gollwitzer, Krummes Holz - aufrechter Gang
3. D. Sölle, Leiden
4. D. Sölle, Die Hinreise

Auf Materialien aus diesen Büchern wird vielfach verwiesen. Abgedruckt wurden wenige, weil wir davon ausgehen, daß jeder Unterrichtende diese Bücher zur Hand hat. Im Anhang findet sich ein ausführliches AVM-Verzeichnis. Alle im Lehrerheft zitierten Titel - Bücher, Filme, Dias, Platten usw. - sind dort bibliographiert.

===> 4. AVM-Verzeichnis, S.63 ff.

2. INFORMATIONEN ZUR SACHE - THESEN UND ZITATE

1. Vom Sinn kann man sprechen, wenn das menschliche Leben von etwas her bzw. in Beziehung zu etwas (z.B. Mitmensch, Gott) eine Bedeutung hat.

"Ich warte auf dich ... Du kommst herein. Du bist da. Wir leben." (A.Philipe)

2. Der Mensch existiert in Beziehungen, ohne die er nicht leben kann. In diesen Liebes-Beziehungen liegt der Sinn.
Erfülltes Leben, ein Leben, das sich zu leben lohnt, gibt es deshalb nur in Beziehungen der Liebe.

"Du warst meine schönste Bindung an das Leben." (A.Philipe nach dem Tod ihres Mannes)

3. "Alles menschliche Sein beginnt in Geborgenheit, in nicht erst zu erwerbender, sondern schon geschenkter Beziehung." (Gollwitzer) Von dieser Urerfahrung kommt der Mensch immer schon her. Von ihr her weiß er, was Sinn ist: Sinn ist dann da, wenn er in einer Beziehung zu einem anderen steht, der ihn bejaht und ihn liebt.

"Denn so wie die Mutter vor der Geburt die ungeteilte körperliche Einheit mit ihrem Kind fühlte, so erlebt das Kind nach seiner Geburt die ungeteilte seelische Einheit mit ihr weiter. Alles Gute, Lustvolle, Sicherheit gebende verwirklicht sich in der Befriedigung eigener Bedürfnisse, die zugleich die Bedürfnisse des anderen stillt. Es ist die innige Verschränkung zweier voneinander abhängiger Partner... Man könnte ... von einem sozialen Glückszustand (Mitscherlich) sprechen, in welchem der Mensch am Beginn seines Lebens Glück erfährt, ohne etwas dafür tun zu müssen." (J.G. Appy)

4. Glück und Sinn liegen so gesehen eng zusammen: Glück ist dann gegeben, wenn ich in Beziehungen lebe, in denen ich Liebe erfahre und Liebe geben kann.

"Glück... geschieht ... in der Beziehung zu Menschen, die sich wechselseitig lieben und geliebt fühlen." (J.G. Appy)

5. Aus der Erfahrung, geborgenen, erfüllten, sinnvollen Lebens ergeben sich wie von selbst Ziele für das Leben - es ergibt sich wie von selbst die Gewißheit, nützlich zu sein (→ 19.).

"Jahrelang haben wir geahnt, daß wir auf unserer Liebe aufbauen können: Kinder, einen Beruf, Freundschaften, Häuser, und vielleicht dürfen wir sogar mithelfen, eine bessere Welt aufzubauen." (A.Philipe)

6. Sinn hat niemand in sich und aus sich heraus - Sinn empfange ich aus der Beziehung vom anderen her. Sinn ist

"o, ich liebe diese welt, in die du mich stellst, in der du die tür zu anderen menschen offenhältst, lieb jene, mit denen wir

darum Geschenk und nicht Leistung.

gemeinsam gehen, in deinen augen lern ich sie immer von neuem wieder verstehn." (Th.Vogel)

7. Beziehungen können zerbrechen oder aus anderen Gründen zerstört werden - so kommt es zur Sinnfrage, zum Sinnverlust. Solche Situationen sind gekennzeichnet durch die Bedrohung oder den Verlust an tragenden Beziehungen. In solchen Entscheidungs- und Grenzsituationen werden die Fragen nach dem Woher, Wozu, Wohin gestellt.

"Ich öffne die Augen, mache Licht und kämpfe mit mir. Der Tag beginnt; eine freudlose Bahn zeichnet sich vor mir ab. Nur du sahst mich, nur ich sah dich. Heute lebe ich in einer blicklosen Welt, mein Leben ist leer." (A.Philipe)

8. Eine neue - tragfähige Antwort auf die Klage nach dem Verlust des Sinns kann nur von einem Wesen kommen, das "mindestens" menschlich ist. Zwischen Menschen ist menschliche Kommunikation, Liebe und Geliebtwerden möglich.

"Yvonne (17) wird von ihrem Freund verlassen, den sie sehr geliebt hat. Gleichzeitig versucht ihre alleinstehende Mutter, nach jahrelanger Isolierung, eine neue Freundschaft mit einem Mann anzuknüpfen, um wieder zum Leben zurückzufinden. Yvonne fühlt sich total verlassen und verloren, keiner will sie anscheinend mehr, keiner braucht sie mehr. Ihre verzweifelte Frage: 'Wo finde ich dauernde Geborgenheit, wo finde ich bleibenden Sinn?'" (K.Thomas)

9. Soll die Sinnfrage eine genügende Antwort finden, muß sie dem Tod in seinen verschiedenen Ausprägungen begegnen können; denn Sinn ist auf Dauer angelegt, sonst stellt er keinen Sinn dar.

10. Entsprechend muß die Beziehung auf Dauer angelegt sein, der andere darf nicht vor mir oder mit mir enden.

"Was sinngebend ist, muß es mit dem Tode aufnehmen können. 'Aimer un être, c'est dire: toi, tu ne mourras pas!', sagt Gabriel Marcel (Ein Wesen lieben, heißt sagen: Du, du wirst nicht sterben!). 'Lieben heißt wollen, daß der Geliebte nicht stirbt.' Weil der einzelne geliebte Mensch, wie wir genau wissen, sterblich ist, hoffen wir, daß er uns überlebt, und neigen wir dazu, über den einzelnen Geliebten hinaus sinngebende Instanzen zu finden, die der Vergänglichkeit besser widerstehen können: Familie, Vaterland, irgend eine soziale Institution oder Bewegung, Fortschritt der Menschheit." (H.Gollwitzer)

11. Alle Religionen lassen sich in ihren verschiedensten Erscheinungsformen als der Versuch verstehen, Leben und Tod des Menschen in einer umgreifenden Beziehung (Gott) aufgehoben zu wissen.

"Mit der Geburt ist der Mensch aus der einen Situation, die festgelegt war ... in eine andere gestoßen worden, die unbestimmt ... ist ...

Dieses Bewußtsein seines gesonderten Daseins, das Bewußtsein seiner eigenen kurzen Lebensspanne..., das Bewußtsein seiner Einsamkeit und Getrenntheit, seiner Hilflosigkeit gegenüber den Kräften der Natur und der Gesellschaft - das alles läßt seine besondere und abgetrennte Existenz zu einem unerträglichen Gefängnis werden. Er würde wahnsinnig werden, könnte er sich nicht selbst ... aus seinem Gefängnis befreien... könnte er sich nicht in dieser oder jener Form mit der Umwelt vereinen... Die Frage, wie die Getrenntheit überwunden, wie man das eigene individuelle Leben transzendieren... kann, ... ist immer die gleiche. Die Antwort dagegen ist nicht immer gleich... Die Geschichte der Religion... ist die Geschichte dieser Antworten..." (E.Fromm)

12. Sinn betrifft immer den ganzen Menschen, darum ist auch immer der ganze Mensch bei Verlust des Sinnes bedroht. Gelingt es nicht, eine neue - tragfähige - Antwort zu finden, neue Beziehungen aufzunehmen, bleibt oft als Ausweg nur der Selbstmord, besonders der Selbstmordversuch als "Appell an die anderen".

"Eine der häufigsten Konfliktreaktionen liegt darin, das Konfliktfeld zu verlassen und sich aus der Welt ganz zurückzuziehen. Dies geschieht am radikalsten durch die Selbsttötung ... Der Wunsch, sich zu töten, ist aber in der Mehrzahl der Fälle nicht geradlinig und unambivalent intendiert, der eigene Tod ist zumindest nicht das einzige und eigentliche Ziel. Gesucht wird ... meist die Betäubung. Eine unerträgliche Situation soll, indem man sich selbst schädigt oder sich selbst opfert und auch an den anderen appelliert, verändert werden. Der Appellcharakter der Suizidhandlung zeigt sich darin, daß zwei Drittel der Selbsttötungshandlungen in irgendeiner Form angekündigt werden." (W.Bräutigam)

13. Eine andere Folge zeigt sich im Bemühen, das Leben mit Hilfe von Betäubungsmitteln (Drogen) erträglich zu machen.

"Alkohol und Rauschgift sind die Formen, die das Individuum in einer nicht-orgiastischen Kultur wählt... Während sie versuchen, ihrer Getrenntheit durch die Flucht in den Alkohol oder zu bestimmten Drogen zu entgehen, verspüren sie nach dem orgiastischen Erlebnis ihre Abgesondertheit nur noch stärker und werden so getrieben, es mit zunehmender Häufigkeit und Intensität zu wiederholen." (E.Fromm)

14. Das Gefühl der Sinnlosigkeit äußert sich häufig auch in Apathie und Langeweile.

"Aber Frankl sagt, daß die Leute heute in einem existentiellen Vakuum leben und daß sich das exi-

stentielle Vakuum vor allem durch Langeweile manifestiert..."
"Tatsächlich wenden sich heute mehr und mehr Patienten an uns, mit dem Gefühl einer inneren Leere, wie ich sie als 'existentielles Vakuum' beschrieben ..., mit dem Gefühl einer abgründigen Sinnlosigkeit ihres Daseins."
(Y. Frankl)

"Die schmerzfreie Erfüllung vieler Bedürfnisse garantiert den ruhigen erreichten Wohlstand. Langeweile breitet sich aus, wenn erfüllte Hoffnung nicht mehr zu neuer größerer Hoffnung treibt... Leidfrei bleiben wollen, der Rückfall in Apathie kann eine Art Berührungsangst sein, man will nicht angerührt, angesteckt, befleckt, hineingezogen werden, man hält sich soweit wie möglich heraus, kümmert sich um seine Angelegenheiten, privatisiert sich bis zum Stumpfsinn..." (D.Sölle)

15. Neben dem individuellen Erleben von Sinnlosigkeit, das in bestimmten Lebenssituationen eines jeden Menschen vorkommen kann, findet sich in unserer Zeit ein weitverbreitetes Gefühl von Gleichgültigkeit, von Absurdität des Daseins, von totaler Sinnlosigkeit menschlichen Lebens.

"Man zweifelt nicht, weil nichts zu bezweifeln ist. Man ist kein Skeptiker, kein Agnostiker, kein Amoralist, weil alles dies immer noch die Möglichkeit vortäuscht, daß es nicht so sein könnte wie man erkannt hat... der moderne Mensch hat nicht nur keinen Boden mehr unter den Füßen; er weiß, daß es einen solchen weder gibt noch geben kann!" (W.Müller-Lauter, nach Rauschning)

"Obwohl ich erst 19 bin, empfinde ich für meine gesamte Umwelt eine solche Apathie und Gleichgültigkeit, daß selbst Erwachsene darüber unwillkürlich erstaunt sind, und ich ständig die gleichen Worte zu hören bekomme: 'Du bist doch noch so jung und hast von allem die Nase voll. Wie wirst du wohl erst urteilen, wenn du 30 Jahre alt bist?' Es mag noch so merkwürdig klingen, aber ich sage die Wahrheit: das Leben macht keinen besonderen Spaß.
Und das ist nicht nur meine Meinung, so denken auch alle meine Freunde..." (Eine russische Arbeiterin und Studentin nach Müller-Lauter)

16. Dieses Grundgefühl ist das Ergebnis eines tiefgreifenden geschichtlichen Wandels: In früheren Zeiten wurde das Leben der meisten Menschen durch ein festes Weltbild, durch klare Werte und durch umgreifende Institutionen geordnet und damit auch getragen. Diese geschlossene Welt und die sie tragenden Sinngehalte, wie die Institutionen, Ordnungen, Normen und Tabus haben sich weitgehend aufgelöst bzw. bieten nicht mehr allgemeinverbindliche Orientierung.

"Staat, Volk, Nation, Klasse oder Rasse sind leere Gehäuse erloschenen Lebens. Der einzelne ist wieder auf sich selbst zurückgeworfen. Aber was ist dieses Selbst, dies ungreifbare Etwas, Nichtwas, wo Widerstand sinnlos ist und Untergang das einzig Gewisse? Nichts lohnt mehr. Was übrig bleibt, ist die Fristung des Daseins, nach nichts mehr zu fragen und sich auszuliefern. Wem? An was? Erst jetzt steht der Mensch wirklich vor dem Nichts. Erst jetzt erfährt er die Abwesenheit jeden Sinnes schlechthin. Erst jetzt wird der Nihilismus gelebt, nicht nur gedacht,..." (W.Müller-Lauter)

"In früheren Zeitaltern 'wurde das Leben' durch sinnerfüllte Institutionen, Ordnungen, Gesetze' geordnet... Das Reich... sich darstellend in ehrfürchtig bewahrten Symbolen, oder der Staat, die Standesordnung mit Ritterlichkeit und Bürgergesinnung, oder... Beruf, Nation, Volk...; alles das waren Institutionen und Ordnungen, die eine tiefe Sinnerfüllung hatten... Diese Institutionen waren umschließende und begrenzende Daseinshorizonte, die den Menschen trugen. Sie waren eingebettet in ein geordnetes großes Weltbild. Wir stehen vor der geschichtlichen ... Tatsache, daß dieses Weltbild und die darin eingetragenen Institutionen in der Neuzeit zunehmend aufgelöst wurden. Unsere heutigen Institutionen betreffen den Menschen immer nur zum Teil, funktional... Es gab ein heiliges Reich, aber es gibt keine heilige Bundesrepublik... Die heutige Einordnung des Menschen heißt: Funktion und Organisation; heißt nicht Beruf, sondern Erwerbstätigkeit; heißt nicht Amt, sondern Macht." (D.von Oppen)

17. Bedingt durch die technische Entwicklung und die Erfordernisse der wirtschaftlichen Ordnung erleben die Menschen im Bereich der Arbeit ständig Frustration ihrer Bedürfnisse, Hoffnungen und Ziele: Die Arbeit ist in ihren Zusammenhängen oft unüberschaubar, sie wird des-

"Die Götter hatten Sisyphos dazu verurteilt, unablässig einen Felsblock einen Berg hinaufzuwälzen, von dessen Gipfel der Stein von selbst wieder hinunterrollte. Sie hatten mit einiger Berechtigung gedacht, daß es keine fürchterlichere Strafe gäbe als eine unnütze und aussichtslose Arbeit... Heutzutage arbeitet der Werktätige

halb als Zwang erlebt; die Arbeit verlangt nicht schöpferisches Tätigsein, sondern bloßes Funktionieren.

sein Leben lang unter gleichen Bedingungen und sein Schicksal ist genauso absurd." (A.Camus)

Wie es um die Qualität des Arbeitslebens in den führenden Industrienationen bestellt ist, offenbart eine Studie:
"... 'Arbeit in Amerika' so der Titel des Reports ist nach Ansicht des Autorenteams für die Mehrheit der Lohnempfänger gleichbedeutend mit fast lebenslanger Tretmühlen-Tortur, die krank macht, Haß und Ekel erzeugt und die Menschen zwangsweise zu apathischen Halbautomaten degradiert. ... Ein 'Identitätsverlust', so die ...Studie, sei bei vielen Arbeitern die Folge der sinnleeren Zwangsarbeit. Ohne Möglichkeiten zur 'Selbstverwirklichung', zur Entfaltung von Initiativen und Talenten, bleibe die Mehrheit der Fabrikwerker sich selber fern..." (Der Spiegel)

18. Den Bedingungen der Arbeitswelt entsprechend werden auch die menschlichen Beziehungen weitgehend funktional gelebt - was zählt, ist die Leistung, d.h. der Nutzen, den das jeweilige Leben für jemand anders bzw. für andere ist. Die Person wird reduziert auf meßbare Funktionen. Anerkennung wird darum nur über die Leistung, den Nutzen erreicht. Das Leben ist dann sinn-los, wenn es nutzlos ist. Sinn und Nutzen werden identifiziert, auf diese Weise wird das Leben derer wertlos, die - aus welchen Gründen auch immer - nichts leisten können (Alte, Behinderte usw.).

"Der moderne Kapitalismus braucht Menschen, die ... bereit sind, Befehle auszuführen, das zu tun, was man von ihnen erwartet, sich reibungslos in die gesellschaftliche Maschine einzufügen..., nie untätig zu sein, zu funktionieren und weiterzustreben. Was ist das Ergebnis? Der moderne Mensch ist sich selbst wie auch seinen Mitmenschen und der Natur entfremdet. Er ist zu einer Ware geworden, er lebt seine Lebenskraft als eine Kapitalanlage, die ihm unter den gegebenen Marktbedingungen ein Maximum an Gewinn einbringen muß. Die menschlichen Beziehungen sind im wesentlichen die entfremdeter Automaten..." (E.Fromm)

19. Nutzen und Sinn müssen klar unterschieden werden, wenn das Leben nicht nur in Teilen wertvoll (Nutzen), sondern im ganzen sinnvoll sein soll (Sinn). Sinn muß also dann noch für ein Leben vorhanden sein, wenn es niemandem nützt; so waren Jesu Worte und Taten der einen Botschaft Gottes verpflichtet, daß jeder Mensch immer

"Wird der Wert eines Menschenlebens an dem Nutzen gemessen, den es für andere hat, so ist der Mensch für die anderen ein nützliches Ding - gleichgültig ob er zwangsweise zum instrumentum animatum (beseeltes Werkzeug), wie die Römer ihre Sklaven bezeichneten, gemacht wird, zum "Menschenmaterial" in Fabriken und Armeen, oder ob er die Leistungsforderung so verinnerlicht hat, daß er

schon ein geliebter und darum liebenswerter Mensch ist. In der Begegnung mit Jesus erfahren Menschen, daß sie ohne Berücksichtigung ihres Nutzens und ihrer Leistung, ihrer Würdigkeit angenommen werden; sie erfahren, wie ihnen durch bedingungsloses Vertrauen neuer Sinn und damit neues Leben geschenkt wird.

selbst den Sinn seines Lebens in seinen Leistungen sieht. Leistungen, die mit anderen Leistungen entgolten werden, sind austauschbar und austauschbar, ersetzbar sind deshalb auch die Leistenden." (H.Gollwitzer)

"Womit bekommt man zu tun, wenn man mit dem Evangelium zu tun bekommt?
 1. Nichts ist gleichgültig, ich bin nicht gleichgültig...
 5. Wir sind geliebter als wir wissen...
10. Wir sind nicht allein.
11. Wir sind nie allein.
12. Dieses Leben ist ungeheuer wichtig...
15. Es lohnt sich zu leben." (H.Gollwitzer)

"Selbst die allerschlechteste christliche Welt würde ich der besten heidnischen vorziehen, weil es in einer christlichen Welt Raum gibt für die, denen keine heidnische Welt je Raum gab: Für Krüppel und Kranke, Alte und Schwache, und mehr noch als Raum gab es für sie: Liebe für die, die der heidnischen wie der gottlosen Welt nutzlos erschienen und erscheinen." (H.Böll)

20. Mit einer vom Nutzen unabhängigen Sinngebung für sein Leben kann ein Mensch sich nützlich machen bzw. einfach nützlich werden, ohne Gefahr zu laufen, nur ein nützliches austauschbares Ding zu werden.

"Der Liebende will dem Geliebten nützlich sein, sucht Gelegenheit dazu und freut sich ihrer; wenn er unbedacht darin die Bedingungen der Liebesbeziehung sieht, entstellt er sie, und der Widerspruch des Geliebten, der ihm aus dem Krampf des Sichernwollens der Liebesbeziehung durchs Nützlichsein heraushelfen will, muß ihm befreiende Belehrung sein. Nicht als Bedingung menschlichen Zusammenseins, wohl aber als eines seiner Medien, in denen es sich verwirklicht, in die personale Beziehung integriert, gehört die Kategorie des Nutzens ins zwischenmenschliche Dasein, unter- und eingeordnet..." (H.Gollwitzer)

21. Die christliche Antwort auf die Frage nach dem Sinn setzt bei der Erfahrung des Scheiterns, des verborgenen Gottes, der Sinnlosigkeit ein, eine Erfahrung, die dem heutigen Menschen häufig wi-

"Noch exemplarischer versteht dann Jesus sein Leben als Stellvertretung. Um der vielen willen nimmt er Verfolgung auf sich, Erniedrigung, Verdammnis. Seine Tätigkeit ist bestimmt durch die Solidarisierung mit dem Niedrigen und Ver-

derfährt. Jesus, der im Vertrauen auf letzte Sinnhaftigkeit des Daseins, auf Gott, anderen Sinn vermittelte, war zuletzt selbst im Blick auf sein Tun und Leben vom Scheitern bedroht (Tod Jesu am Kreuz). Sein Vertrauen auf den anscheinend abwesenden, den verborgenen Gott ("Mein Gott, mein Gott...") wird nicht enttäuscht: Gott erweist sich in der Auferweckung Jesu als der Herr über die Sinnlosigkeit, indem er neues Leben schenkt.

achteten. Er läßt sich von den 'Sündern' einladen und ißt mit ihnen, macht sich also mit ihnen 'gemein'. Die 'Frommen' wenden sich von ihm ab, da er ja nun selbst ein Verruchter geworden ist. - Und als er am Kreuz hängt, vollendet sich das Schicksal seiner solidarischen Verwerfung. 'Verflucht sei, wer am Kreuz hängt', heißt es in der Thora. Wenn der Weg der Menschen in Finsternis und Gottesferne endet, dann möchte er an diesem Schicksal teilhaben. - Paulus hat den Weg Jesu als Abstieg und Entäußerung zu deuten versucht. Jesus hält sich nicht fest, sondern gibt sich her, er wagt sich hinunter, um sein zu können wie die anderen. Aber dieser Abstieg ist nicht das Letzte: Gott holt ihn heraus aus der dunklen Nacht und erhebt ihn über alle. Die Berufung Jesu ist kein Ruf 'für sich', sondern um der anderen willen. Er ist für andere da. Und wer an ihm teilhat, der muß sich auch in den Abstieg hineinbegeben, um herausgeholt zu werden." (O.Betz)

22. Sinn für mein Leben finde ich in der Nachfolge Jesu nicht, indem ich mich festhalte, mich an mein kleines Glück, mich an meine eigenen Sinngebungen klammere, mich krampfhaft um eigene Sinngebung bemühe. Sinn für mein Leben finde ich, indem ich wie Jesus mich loslasse, meine Sinngebungen aufgebe, mich selbst für andere wage, indem ich also Scheitern riskiere, indem ich der Sinnlosigkeit zum Trotz auf den Sinn setze.

"Die irdische Aktualität der Hölle ist bedrängend... Die Hölle, das ist der Zustand des totalen Mißtrauens, der radikalen Feindschaft aller gegen alle. Hölle, das ist ... auch die Bodenlosigkeit der eigenen Existenz. Ich kann mich auf mich selbst nicht verlassen, weil ich nie zu mir selbst gekommen bin. Diese Hölle kann erst überwunden werden, wenn die Kraft der Solidarität geweckt und aktualisiert wird... Es ist kein christlicher Auftrag, eine gewissermaßen private Identität aufzubauen, die dazu neigt, sich festzuhalten, sich an die einmal erworbene Gestalt zu klammern und um einen Selbstverlust fürchtet. Die christliche Botschaft begründet ein fundamentales Vertrauen: Du bist umfangen von einer letzten Sinnhaftigkeit. Du kannst dich loslassen. Erst wenn die deine Gestalt aufgibst, kannst du zu deiner wirklichen Gestalt gelangen. Du kannst vertrauen, deshalb kannst du dich in den Wandel hineinwagen. Zwar kannst du nicht bleiben, wie du bist, ungeschoren kommst du nicht davon, aber es kommt auch wieder eine Stunde neuer Gestaltwerdung." (O.Betz)

"Ich halte Jesus von Nazareth für den glücklichsten Menschen, der je gelebt hat. Jesus erscheint in den Evangelien als ein Mensch, der seine Umgebung mit Glück ansteckte, der seine Kraft weitergab, der verschenkte, was er hatte.
Weil ihm alles gehört, der Himmel, die Seligkeit, das Reich, das er ansagt und darstellt, darum braucht er sich nicht festzuhalten.
Von Christus ist zu lernen: Je glücklicher einer ist, um so leichter kann er loslassen. Seine Hände krampfen sich nicht um das ihm zugefallene Stück Leben. Da er die ganze Seligkeit sein nennt, ist er nicht aufs Festhalten erpicht. Seine Hände können sich öffnen." (D.Sölle)

23. Diese Botschaft von Jesu Tod und Auferstehung begründet das Vertrauen in die Sinnhaftigkeit allen Lebens auch gegen die Erfahrung der Sinnlosigkeit. Vertrauen auf Gott heißt dann Vertrauen auf einen Sinn meines Lebens, den ich zwar nicht sehe, aber dennoch glaube.

Der todkranke Schauspieler Ernst Ginsberg, dem durch die Krankheit praktisch alles Lebenswerte seines Lebens genommen wurde, bekennt angesichts dieser grausamen Wirklichkeit:
"Ebenso ... bekenne ich mit Dankbarkeit, daß der Glaube die Freude, das Glück, der Trost ... meines Lebens ... gewesen ist und daß ich in den Tagen, in denen ich dieses schreibe, die letzte Bestätigung und Stichhaltigkeit dieses Glaubens erfahren durfte angesichts des Todes, dem mich eine schwere Lähmungskrankheit entgegenführt, die für einen Ungläubigen nur mit einer Tat des Hemingway zu beenden wäre, die der Glaube aber im Blick auf das Kreuz zu ertragen vermag." (E.Ginsberg)

24. Dieses Vertrauen in den Sinn ist und bleibt wie jedes Vertrauen immer wieder bedroht, es muß darum immer wieder neu gewonnen werden. Deshalb bedarf es immer wieder neuen Hörens auf die Botschaft von Jesus und es bedarf einer Gemeinschaft von Menschen, die von diesem Vertrauen leben und sich dazu gegenseitig immer wieder ermutigen.

"Das ist nun ein Kernpunkt der biblischen Botschaft, daß sie diese Erfahrung (nicht Belehrung!) im Beziehungsfeld menschlicher Gemeinschaft vermitteln will: wo zwei oder drei (oder mehr) zusammen sind, da ist Christus und damit auch 'Sinn des Lebens' gegenwärtig." (H.Harsch)

3. UNTERRICHTSPLANUNG

3.1 ERLÄUTERUNGEN

Die folgenden Seiten geben Ihnen Hilfen zur Unterrichtsplanung.

3.2 BAUSTEINE, 3.3 LERNZIELE:

Unter 3.2 und 3.3 sind zur besseren Übersicht alle Bausteine der Unterrichtseinheit und die einzelnen Lernziele einander gegenübergestellt.

3.4 VORSCHLÄGE ZUR PLANUNG:

Der Abschnitt 3.4 zeigt vier von vielen möglichen Wegen. Sie wollen Ihnen Mut machen selbst mit Phantasie zu planen und Schwerpunkte nach Ihrer Unterrichtssituation zu setzen.

Hier werden übergreifende Vorschläge gemacht. Dabei ist aber jeder Baustein so konzipiert und beschrieben, daß er auch für sich genommen unterrichtet werden kann. Es wäre also zum Beispiel möglich, nur den Baustein Nr. 2 herauszugreifen. Dieser Teil enthält besonders ausführliche Vorschläge zur Weiterarbeit.

==> 3.5 Unterrichtsplanung, Teil 2.4, S.37 ff. ==> S.30

==> 3.5 Unterrichtsplanung, Teil 2.5, S.39 ff.

Die Vorschläge wurden unter zwei Gesichtspunkten ausgewählt:

1. Thematischer Akzent: Jeder Vorschlag hat einen thematischen Schwerpunkt. Dieser entspricht der Strukturskizze

   ==> M 1 Schülerheft

2. Didaktischer Gesichtspunkt: Jeder Vorschlag zielt auf ein bestimmtes Gruppenniveau. Dabei können Sie selbst die einzelnen Niveaus wieder verändern, indem Sie aus dem Unterrichtsplan ==> 3.5 sich solche Alternativen heraussuchen, die Ihrer Gruppe am ehesten gerecht werden.

3.5 UNTERRICHTSPLANUNG:

In einem Raster werden hier ausführliche Vorschläge verschiedener Unterrichtsverläufe gemacht.

Die Problemskizzen geben die für den jeweiligen Abschnitt wichtigen Fragestellungen und Zielrichtungen an. So kann der Leser - leichter als dies anhand der formalen Sprache der Lernziele möglich ist - verstehen, von welchen Überlegungen die Autoren bei den einzelnen Teilen ausgegangen sind.

==> auch 2. Information zur Sache - Thesen und Zitate, S.8 ff.

Die einzelnen Teile enthalten eine Fülle von Vorschlägen, die zur Auswahl angeboten werden. Um dies kenntlich zu machen, steht vor den Alternativvorschlägen jeweils ein 'A'.

Die Abkürzung ML weist auf die im Anhang des Lehrerheftes zusätzlich zitierten Medien hin. Diese sind als Erweiterung bzw. als Alternative zu den Medien des Schülerheftes gedacht.

3.2 Bausteine der Unterrichtseinheit

NR.	BAUSTEINE
0	MOTIVATION
1	ICH FRAGE NACH DEM SINN - SINN ALS PROBLEM DES MENSCHEN 1.1 Sinn als menschliche Grundfrage 1.2 Religion als Sinnantwort 1.3 Begriffe 'Sinn', 'Zweck', 'Nutzen'
2	ICH LEBE IN DER LEISTUNGSGESELLSCHAFT - SINN UND NUTZEN 2.1 Die verlorene Dimension 2.2 Der Tod am Brot allein 2.3 Nutzloses Dasein - glückliches Leben 2.4 Solidarität - neuer Lebensstil 2.5 Hinweise zur Weiterarbeit: A. Camus, K. Marx
3	ICH HALTE NICHT STAND - DER LAUTLOSE PROTEST 3.1 Flucht vor dem Leben 3.2 Leben lernen
4	ICH SUCHE MICH SELBER - ICHENTWICKLUNG UND LEBENSBEJAHUNG 4.1 Identitätskrise als Sinnkrise 4.2 Geborgenheit und Glück als Urerfahrung
5	ICH FINDE SINN IN DER SINNLOSIGKEIT - SINN UND GLAUBE 5.1 Sinn in den menschlichen Beziehungen 5.2 Sinn in der Nachfolge 5.3 Religion - Illusion oder Halt?
6	BEISPIELE: Sinnglaube und Engagement in einer scheinbar sinnlosen Welt

3.3 Lernziele

TEIL	LERNZIELE
0	Anhand motivierender Medien die Sinnfrage "als ein Problem, das mich unbedingt angeht" erkennen.
1.1	Die Sinnfrage als die mit der Existenz des Menschen in der Welt gegebene Fragestellung nach dem Woher und Wohin des Lebens beschreiben.
1.2	Die Frage nach dem Sinn als religiöse Fragestellung erkennen und die Religionen als Antwort auf diese Frage verstehen.
1.3	Die Begriffe Sinn, Zweck und Nutzen unterscheiden können.
2.1	Die heutigen Bedingungen der Sinnfrage auf dem Hintergrund des Zerfalls der Werte und Ordnungen verstehen.
2.2	Die Erfahrung der Sinnlosigkeit innerhalb einer von Leistungsnorm, Gleichförmigkeit und Materialismus geprägten Gesellschaft kennenlernen und diese Situation unter der Alternative "Haben oder Sein" reflektieren.
2.3	Die Sinnhaftigkeit nutzlosen Daseins als theologischen Beitrag verstehen lernen und von daher die Kategorien des Nutzens und der Leistung hinterfragen.
2.4	Alternative Lebensentwürfe und die Solidarität mit den Leidenden als Wege zu einem lebenswerten Leben für alle entdecken und dabei Chancen und Grenzen der Veränderung von Lebensbedingungen feststellen.
3.1	Suicid, Sucht und Apathie als Ausdruck der nichtbewältigten Sinnfrage verstehen.
3.2	Am Beispiel der Heilung seelisch Kranker Elemente kennenlernen, die ein positives Lebensgefühl begründen können.
4.1	Entwicklungsbedingte Krisen in der Pubertät unter dem Aspekt der Identitäts- und Sinnkrise verstehen.
4.2	Zusammenhänge zwischen der frühkindlichen Entwicklung und dem "Vertrauen zum Leben" kennen lernen.
5.1	Intensive menschliche Beziehungen als Sinnantwort erfassen und sich mit ihrer Begrenzung durch den Tod auseinandersetzen.
5.2	An Philipper 2,5-11 das Leben Jesu als scheiterndes und dennoch sinnvolles Leben verstehen; es als mögliches Paradigma für heute befragen.
5.3	An der Darstellung S.Freuds zur 'Frage nach dem Zweck des menschlichen Lebens' verschiedene 'Wege zum Glück' kennen und die Ablehnung der Sinnfrage durch S.Freud als Ausdruck einer atheistischen und positivistischen Grundhaltung verstehen lernen.
6	Christliche Modelle einer Sinnantwort unter dem Stichwort 'Engagement für Andere' kennen lernen.

3.4 Vorschläge zur Planung

VORSCHLAG NR. 1			
SCHWERPUNKT:	Die individuelle Fragestellung. Die Sinnfrage als existentielle Frage Ausgangspunkt: Die persönliche Stellungnahme		
ZIELGRUPPE:	Eine Gruppe, die es sich zutraut, im persönlichen Gespräch zu arbeiten und dabei den affektiven Bereich des Themas betonen möchte		
NR.	THEMENASPEKT	BAUSTEIN NR.	BESONDERE MEDIEN
1	Spielerischer Einstieg: erste persönliche Äußerungen	O	
2	Vielfalt des Lebens	1	M 1
3	Schwierigkeiten mit dem Leben	3.1 3.2 + 4.1	M 18 F: Ego
4	Voraussetzung zur Lebensbejahung	4.2 5.1	ML 3
	+ = zusätzlich möglich		

VORSCHLAG NR. 2			
SCHWERPUNKT:	Die gesellschaftlichen Bedingungen der Sinnfrage. Ausgangspunkt: die heutige Erfahrung mit der Gleichsetzung von Sinn und Nutzen		
ZIELGRUPPE:	Eine Gruppe, die sensibel ist für die sozialen Bedingungen des Lebens, für den Zusammenhang von Lebensqualität und Sinnfrage. Verstärkter Einsatz von Filmen ist möglich, andererseits aber auch anspruchsvolle Textinterpretation (z.B. Camus)		
NR.	THEMENASPEKT	BAUSTEIN NR.	BESONDERE MEDIEN
1	'Das Leben in der Schachtel'	2.2	F: Schachtel Stufen
2	Deutung des Albert Camus	2.5 + 2.1 + 1.3	
3	'Der lautlose Protest'	3.2 + 3.1 + 3.2	F: dass.
4	'Der Mensch in der Revolte' Der solidarische Mensch	2.4 2.5 5.2 6.	M 16 M 14 M 13

VORSCHLAG NR. 3

SCHWERPUNKT: Verschiedenartige Antworten der Menschheit auf die Sinnfrage. Ausgangspunkt: S.Freud: Die Frage nach dem Zweck des menschlichen Lebens

ZIELGRUPPE: Eine Gruppe, die sich gerne einen großen Überblick verschaffen möchte und der es nicht schwer fällt mit Texten umzugehen

NR.	THEMENASPEKT	BAUSTEIN NR.	BESONDERE MEDIEN
1	Erster Überblick: verschiedene Wege zum Glück	5.3	siehe 5.3
2	Der Weg des Hedonismus; hier: der Hedonismus der Wohlstands-gesellschaft	2.2	M 5 M 6
3	Der Weg des 'chemischen Glücks'	+ 3.1 3.2 3.3	ML 7 M 19 M 20
4	Der Weg des Kommunismus	2.4 2.5	M 14 ML 2
5	Der Weg der Liebe	5.1	M 25
6	Der Weg der Religion	1.2 + 1.3 5.2	M 27 ML 1 M 32

VORSCHLAG NR. 4

SCHWERPUNKT: Verschiedenartige Sinnantworten der Menschheit. Anstöße zum Nachdenken, zur Meditation

ZIELGRUPPE: Eine Gruppe, die einen mehr beschaulichen, meditativen Zugang sucht: auch Gottesdienstgruppen u.a.

NR.	THEMENASPEKT	BAUSTEIN NR.	BESONDERE MEDIEN
1	Das Leben ist ein Wunder Bildbetrachtung (Episkop) und vorlesen der Texte und Gedichte	1.1	M 2 M 3
2	Beispiele, die zeigen, wie von verschiedenen Menschen heute die Sinnfrage empfunden wird (erzählende Texte)	2.3 3.1	M 10 M 5 M 11 M 12 M 20
3	'Ich bin der Weg' verschiedene Bilder und Texte in Gegenüberstellung	5.2	M 29 - M 33

3.5 Unterrichtsplanung

0. MOTIVATION

ZIEL: *Anhand motivierender Medien die Sinnfrage "als ein Problem, das mich unbedingt angeht" kennen lernen.*

PROBLEMSKIZZE: Obwohl die Sinnfrage ein jedermann bewegendes Problem sein kann, ist dennoch ein besonders motivierender Einstieg nötig. Einmal haben sich viele Jugendliche die Sinnfrage noch nie so ausdrücklich gestellt, wie sie hier im Unterricht nun thematisiert werden soll. Zum andern kann ein Einstieg auf der affektiven Ebene das zu schnelle Abgleiten in abstrahierende Allgemeinplätze verhindern. Hier wird zu Anfang eine persönliche Betroffenheit von Lehrern und Schülern angestrebt, die dieses Thema besonders fruchtbar macht. Zum dritten schafft ein solcher Einstieg einen ersten Überblick über das Thema und die damit angesprochenen Bereiche, so daß dieser erste Abschnitt zugleich eine Einführung in das Problemfeld liefern kann → M 1

Es ist zu beachten, daß ein solcher affektiver Einstieg in Tiefen der Persönlichkeit vorstoßen kann, die in einer hauptsächlich auf objektive Stoffvermittlung ausgerichteten Schule in der Regel verborgen bleiben. Der Lehrer sollte seinen Schülern nur so viel an Offenheit und Ehrlichkeit zumuten, wie er sie selbst zu geben bereit ist.

Inhalt/Ergebnis	Medien/Verfahren	Didaktischer Kommentar
Einige vorläufige Antworten der Schüler und des Lehrers auf die Sinnfrage. Ziel ist die Hinführung zur Fragestellung, eine (vielleicht) erste Auseinandersetzung mit den eigenen Antworten und somit die Motivation zu einer intensiveren Beschäftigung mit der Frage; → M 1	Fragebogen von M.Frisch, Tagebuch 1966-1971, S.9 f. Fragen: 11. Wie alt möchten Sie werden? 18. Wenn Sie sich beiläufig vorstellen, Sie wären nicht geboren worden: beunruhigt Sie diese Vorstellung? 23. Was fehlt Ihnen zum Glück? 24. Wofür sind Sie dankbar?	Die angeführten Medien können auch an anderer Stelle eingesetzt werden. Eine andere Möglichkeit der Motivation bietet das bekannte Spiel von Hans Frör: "Glück" → 5.1 . Es ist empfehlenswert, nur ein Medium am Anfang zu verwenden. Interessante Ergebnisse sollten protokolliert und mit den Antworten, die sich am Ende der Unterrichtseinheit ergeben können, verglichen werden.

Inhalt/Ergebnis	Medien/Verfahren	Didaktischer Kommentar
	A: Brainstorming, z.B. Tafelanschrieb "LEBEN"; jeder Schüler schreibt an die Tafel, was er damit verbindet. Anschließendes Gespräch über die Assoziationen, ihre Hintergründe, ihre Bedeutung. Evtl. kann daraus durch Systematisieren ein gemeinsamer Unterrichtsplan erarbeitet werden.	Umfrage: Fragebogen durch die Schüler entwerfen lassen. Zielgruppe feststellen, z.B.: Eltern, Verwandte; Passanten; Mit-Schüler. Reporter-Umfrage in der Klasse.
	A: Soll das Leben... M 1	
	A: Antworten von Menschen auf die Sinnfrage (Umfrage)	Collage zusammenstellen von Bildern, die die Sinnfrage artikulieren. Aus der Frage, nach welchen Gesichtspunkten die Collage zusammengestellt wurde, läßt sich eine erste Systematik (→ Unterr.-Planung) erstellen.
	A: Collage zur Sinnfrage	
	A: Sendung/TB Braucht das Leben einen Sinn? W.Boder Nr. 1	

1. ICH FRAGE NACH DEM SINN - SINN ALS PROBLEM DES MENSCHEN

1.1 SINN ALS MENSCHLICHE GRUNDFRAGE

ZIEL: *Die Sinnfrage als die mit der Existenz des Menschen in der Welt gegebene Fragestellung nach dem Woher und Wohin des Lebens beschreiben.*

PROBLEMSKIZZE: Die Fähigkeiten, über die Grenzen des Lebens und Glücks hinauszudenken, die Fähigkeit, sich selbst in Frage zu stellen und die Freiheit zum Entwurf einer eigenen Existenz zeichnen den Menschen gegenüber allem übrigen Leben aus. Somit erweist sich die Sinnfrage als genuin menschliche Frage.

Inhalt/Ergebnis	Medien/Verfahren	Didaktischer Kommentar
Bild: Das Bild zeigt die Vielfalt des Lebens: z.B. Arbeit, Leiden, Revolution; Liebe, Verzweiflung, Einsamkeit; Ratlosigkeit der Massen, Christi Leiden, der Zorn des Satans; die Trostlosigkeit der Städte, die Poesie der Natur, die Hoffnung des Lichts. Auffallend ist die Dreiteilung. Herausragend sind: die Familie, die Liebenden, der Denker, der Revolutionär. Diese Vielfalt wird durch eines zusammengehalten: das Schweigen, das staunende Nachdenken, die innere Frage nach dem Sinn - symbolhaft dargestellt in dem übergroßen Mann. 'Wo geh ich hin, folg' ich den Wolken? Wo ist der Weg, den ich nicht seh? Wer weiß die Antwort auf meine Frage, warum ich lebe, - und vergeh' ... Folg ich dem Winde? Folg ich dem Donner? Folg ich dem	Bildbetrachtung: Franz Masereel, Holzschnitt M 2 Fragen: Das Bild enthält im Hintergrund sehr viele Einzelheiten. Was ist zu sehen? Im Vordergrund steht ein Mensch. Was bewegt ihn wohl? Das Bild enthält vielleicht auch uns. Wo könnten wir uns einordnen?	Es gibt verschiedenartige Zugänge zu diesen Medien, z.B. : die meditative Erschließung: Bild und Gedichte sind - evtl. zusammen mit meditativer Musik - als 'poetische Einheit' zu sehen. Ein mehr rationaler Zugang: Betrachtung von M 2 (Bild) als Darstellung der verschiedenen Aspekte des Lebens. Benennung dieser Aspekte und Verknüpfung mit der Problemskizze M 1 unter der Frage: welche Aspekte nennt das Raster, welche zeigt das Bild?

Inhalt/Ergebnis	Medien/Verfahren	Didaktischer Kommentar
Neon, das leuchtet im Blick derer, die lieben? Tief in der Gosse, hoch unter Sternen kann Wahrheit sein!' (Hair) Dies Zitat mag assoziativ mögliche Aussagen zu diesem Bild verdeutlichen.		
Gen 1, Gedichte: 'Wunder', 'Geburt': Die poetischen Stücke interpretieren sich gegenseitig und bilden mit der Aussage des Bilds eine Einheit: die Frage nach dem Woher und Wohin wird staunend formuliert und in dichterischer Weise beantwortet.	Gedichtinterpretation Gen 1 M 3 K.Marti, Geburt M 3 K.Marti, Wunder M 3	Mit Schwerpunkt auf Gen 1 und die Gedichte kann zur Unterstützung der hervorragende Bildband "Und es ward Abend..." eingesetzt werden, z.B. in Form einer stillen Bildmeditation nach vorhergegangener Lesung von Gen 1 (ganz). Zuspitzung auf die poetisch-gläubige Antwort des Priesters: - Antwort auf die Frage nach dem Woher; - Geborgenheit der Kreatur in der Schöpfung Gottes. Als Alternative - auf mehr rationaler Ebene - eignen sich die folgenden Texte, um die Sinnfrage als genuin menschliche Frage zu verstehen: M 4 J.Moltmann, Mensch, S.11-16 P.Tillich, Mut, S.47 f. H.Roth, Anthropologie, S.140 f. L.Wittgenstein, in: C.Brand, S.191 ff.

1.2 RELIGION ALS SINNANTWORT

ZIEL: *Die Frage nach dem Sinn als religiöse Fragestellung erkennen und die Religion als Antwort auf diese Frage verstehen.*

PROBLEMSKIZZE: Religion ist Ausdruck ursprünglicher Sehnsucht des Menschen, Leben (in allen Bereichen) und Tod in einem umgreifenden Ganzen aufgehoben zu wissen.

Religion ist Antwort auf die Grundfrage menschlicher Existenz: Wie kann ich Getrenntheit überwinden (Fromm, M 4) und so (wieder) zu lebenswertem Leben finden?

Religion leistet dies in ihren verschiedenen Erscheinungsformen:
Religion vermittelt dem Einzelleben wie der Gemeinschaft Sinn, d.h. Geborgenheit, Zusammengehörigkeit in (u.U. ekstatischen) Erlebnissen, die allein oder gemeinsam mit anderen erfahren werden.

Inhalt/Ergebnis	Medien/Verfahren	Didaktischer Kommentar
Im Unterschied zum Tier ist der Mensch sich seiner Situation bewußt, einer Situation, die durch Einsamkeit, Getrenntheit von der ursprünglichen Einheit mit der Natur und Hilflosigkeit gekennzeichnet ist. Das Hauptproblem des Menschen besteht deshalb darin, die Getrenntheit durch (Wieder-)Vereinigung zu überwinden. Die Lösung des Problems ist je nach Situation und Kultur verschieden. Religion und Philosophie machen die "Geschichte dieser Antwort" aus.	Der Mensch ist das Leben (Fromm) M 4 Fragen: In welcher Situation befindet sich nach Fromm der Mensch? Welche Probleme stellen sich ihm - was haben sie mit der Frage nach dem Sinn zu tun? Wie und wo findet er Antworten auf diese Probleme? Welche Hilfe kann ihm Religion (je nach Situation und Kultur) dabei geben?	Bilder zu M 4: - Hinduismus, zu Ekstase in: GEO S.52 ff. - Mystik. Heutige Strömungen in: Informationen Nr.56. Beispiele aus der Geschichte: Meister Eckehart, A.Tersteegen in: M.Rang, Der Christusglaube, S.46 ff. - "Communio sanctorum", z.B. Abendmahl → 4.4 AVM-Medienpaket; Gemeinschaftserlebnisse der Jugend → 4.4 ebd.; betende Muslime u.a.m.

1.3 DIE BEGRIFFE 'SINN' - 'ZWECK' - 'NUTZEN'

ZIEL: *Die Begriffe Sinn, Zweck und Nutzen unterscheiden können.*

PROBLEMSKIZZE: Die Sinnfrage weist über eine vom biologischen Zweck und gesellschaftlichen Nutzen definierte Daseinsbestimmung hinaus. Sinn und Nutzen sind also zu unterscheiden. Wird der Wert eines Menschenlebens an dem Nutzen gemessen, den er für andere hat, so ist der Mensch für die anderen ein nützliches Ding.

Wenn der Sinninhalt über die Begrenzungen von Glück und Erfolg - d.h. also auch über den Tod hinaus - bestehen soll, dann sind Zweck und Nutzen nur vorläufige Lebensinhalte. Wenn auch der Schwache, der Behinderte, auch der Versager einen Sinn finden soll, dann muß der Sinn eines Lebens unabhängig von biologischem Zweck und gesellschaftlichem Nutzen bestehen können.

Sinn, Zweck und Nutzen sind also zu unterscheiden: Sinn ist etwas qualitativ anderes. Sinn lebt von einer Beziehung, die mich überdauert, lebt von der unendlichen Bejahung meines Lebens durch Gott. Durch diesen übergreifenden Sinninhalt werden Zweck und Nutzen neu bestimmt.

<u>Zu den Begriffen:</u>

<u>Ziel</u> als rein äußerliche Angabe über die Ausrichtung eines Lebens (z.B. dafür sorgen, daß es meinen Kindern einmal besser geht als mir; oder daß wir den Faschismus in Deutschland nicht noch einmal erleben müssen).
Ziel als partielle Aussage über einzelne Lebensabschnitte (z.B. es gibt keinen globalen Sinn; jetzt besteht z.B. der Sinn für mich darin, das Abitur zu schaffen und einen Studienplatz zu bekommen).

<u>Zweck</u> als Aussage über einen bestimmten Kausalzusammenhang, in dem das Leben eingeordnet ist (z.B. der Lebenszweck des Tieres, des Menschen (?) besteht in der Arterhaltung).

Zweck und <u>Nutzen</u> sind auf äußerliche oft materielle Werte bezogen; Lebensinhalte werden verobjektiviert und danach bemessen, was sie "bringen": z.B. Nutzen einer Maschine, die, wenn sie kaputt ist, weggeworfen werden kann; Nutzen einer alten Frau im Strümpfe stopfen oder eines Schülers im Leistungsnachweis.
Das Taxieren des Menschen nach dem Nutzwert zeigt die Begrenztheit dieser Kategorie. Sie wird dem Menschen nicht gerecht.

<u>Sinn</u> (ahd. Sinnan: reisen, Weg) zunächst in

der ursprünglichen Wortbedeutung auch Aussage über die äußerliche Ausrichtung eines Lebens (= Ziel). Sinn meint dann die innere Orientierung eines Lebens: Sinn ist dann synonym mit der subjektiven und persönlichen Bewertung des eigenen Lebens nach seiner eigentlichen Bedeutung, mit dem Gefühl einer letzten Bezogenheit aller meiner Handlungen und Gedanken auf einen inneren Zusammenhang.

Die Sinnfrage als Frage, "die mich unbedingt angeht" (P.Tillich); zudem eine Frage, die mir eine überzeugende, jedoch nicht objektivierbare Antwort abfordert. "Nichtobjektivierbarkeit" und "letzte Gültigkeit" sind Merkmale religiöser Aussagen. Diese stehen in Spannung zu Aussagen objektiver positivistischer und zweckorientierter Art.

Aufschlußreich ist es deshalb, wenn S.Freud die Sinnfrage der Religion zuweist, sich aber als Wissenschaftler positivistischer Provenienz der "Frage nach dem Zweck menschlichen Lebens" zuwendet (→ Teil 5.3!).

"Sinnan" (Sinnen) ist also die spezifisch menschliche Fähigkeit der Selbstreflexion, die den Menschen vom Tier unterscheidet (→ Teil 1.1).

Inhalt/Ergebnis	Medien/Verfahren	Didaktischer Kommentar
Begriffsklärung: Die unterschiedliche Bedeutung von Zweck, Nutzen, Ziel, Sinn: - Problematik der Gleichsetzung der Begriffe (z.B. Sinn= Nutzen) - Die Bedeutung der einzelnen Begriffe: Sinn, Zweck, Nutzen → Problemskizze zu 2.1	Bilder einander gegenüberstellen, in denen die Begriffe Zweck, Nutzen, Ziel und Sinn anschaulich werden. Z.B. Bilder von Maschinen, Blumen, Tieren, Menschen ML 1 A: Leeres Raster nach ML 1 vorgeben (Tafel oder Kopie). Schüler sollen selbst die einzelnen Begriffe illustrieren A: Textanalyse: H.Gollwitzer, Zum Begriff Sinn (Exkurs) S.62-64 in: Krummes Holz (→ Problemskizze zu 2.3)	Die Begriffsklärung über den Weg der Bilder zu versuchen bietet sich an, - weil Begriffsbestimmungen Schülern erfahrungsgemäß schwer fallen - weil sie veranlassen, über die oft übliche Gleichsetzung der Begriffe genauer nachzudenken - und weil sie vielleicht dazu motivieren können, sich am Anfang einer Unterrichtseinheit mit einer relativ abstrakten Frage zu beschäftigen. → 2.2: Ziel, 2.3: Nutzen, 3.1: Sinnlosigkeit, 5.1, 5.2: Sinn

2. ICH LEBE IN DER LEISTUNGSGESELLSCHAFT - SINN UND NUTZEN

2.1 DIE VERLORENE DIMENSION

2.2 DER TOD AM BROT ALLEIN

ZIEL:

2.1 *Die heutigen Bedingungen der Sinnfrage auf dem Hintergrund des Zerfalls der Werte und Ordnungen verstehen.*

2.2 *Die Erfahrung der Sinnlosigkeit innerhalb einer von Leistungsnorm, Gleichförmigkeit und Materialismus geprägten Gesellschaft kennenlernen und diese Situation unter der Alternative "Haben oder Sein" reflektieren.*

PROBLEMSKIZZE:
zu 2.1 und 2.2

Die Sinnfrage ist ein zentrales Problem unserer Zeit. Der geistige Hintergrund für diese Frage ist das Zerbrechen eines metaphysischen Ordnungsschemas, in das sich der einzelne in seinem Leben immer schon eingeordnet vorfand. Der materielle Hintergrund ist mit den durch den Umbruch im 18. bzw. 19. Jahrhundert bedingten Veränderungen in der Arbeitswelt, in der Familienstruktur und im sozialen Gefüge der Gesellschaft insgesamt markiert. → S.12

Stichworte wie ...

- Relativierung von Werten wie Vaterland, Ehre, Gott und Glaube
- überkommene Sitte und Moral
- Reduktion der Erfahrungen auf ihre wissenschaftliche Gültigkeit
- Erfahrungen des sinnlosen Leidens und Sterbens in zwei Weltkriegen
- Erfahrung der Entfremdung von der Arbeit, von den Mitmenschen, von sich selbst
- Erfahrung der Vereinzelung und Vereinsamung in der Massengesellschaft

... beschreiben eine Situation, für die die mythische Figur des Sisyphos von Albert Camus zum Symbol geworden ist.

In dieser Lage scheint der Mensch zum "Tod am Brot allein" verurteilt. Die menschlichen Beziehungen, die erst das Leben lebenswert machen, bleiben weitgehend oberflächlich und zerbrechen schnell. Der beziehungslose Mensch vertraut darum nur noch dem 'Haben-Wollen', dem 'Haben'. Sein Leben baut er auf die Dinge auf, die man haben, kaufen kann. - "Sein", also Leben in tragenden Beziehungen, Leben mit befriedigender Arbeit, ist für diesen Menschen für ihn höchstens Wunschtraum, meist jedoch gar nicht mehr im Blick. "Sein oder Haben" (E.Fromm) wird darum zur entscheidenden Alternative, im Blick auf die Sinnfrage.

Hinweise zum Verfahren

Der Teil 2 ist entsprechend der Gesamtproblematik breit angelegt - diese Breite macht unbedingt eine Auswahl für den Unterricht erforderlich. Um diese Auswahl zu erleichtern, werden aus einer Vielzahl von Alternativen im folgenden drei mögliche Unterrichtsverläufe vorgeschlagen. Der Lehrer sollte bei der Planung vor allem darauf achten, daß er im Unterricht nicht bei den negativen Beispielen stehen bleibt, sondern die zentrale Frage der Schüler aufnimmt: Was kann man, was können wir tun? → 2.4 → 6.

VORSCHLAG NR. 1

Schwerpunkt: SINN - NUTZEN

Teile 2.3 + 2.4

Nr.	Themenaspekt	Medien
1	Beispiel: Gleichsetzung von Sinn und Nutzen	M 10 M 11
2	Problematisierung des Beispiels: theologischer Aspekt	M 8 M 9 M 6
3	Ursachen (geschichtlicher Aspekt)	→ 2.1
4	Alternativen	M 13 - M 16 oder: M 14 → 2.5.2

VORSCHLAG NR. 2

Schwerpunkt: SISYPHOS

Teile 2.2 - 2.5

Nr.	Themenaspekt	Medien
1	Heutige "Sisyphos-Erfahrungen"	F: Stufen
2	Vergleich: Lebensgefühl und Deutung von A. Camus: "Mythos von Sisyphos", "Der Fremde" → 2.5.1	→ 2.5.1
3	Wege zum Überleben	M 16 M 13 → 6.

2.1 DIE VERLORENE DIMENSION

Inhalt/Ergebnis	Medien/Verfahren	Didaktischer Kommentar
Sinnkrise, hervorgerufen durch den Zerfall des Glaubens und der Werte Verlust der Sicherheit Verlust der Orientierung Verlust der Geborgenheit Unschärfe und Ungenauigkeit im Umgang mit den tragenden Normen und Werten	K.W. Dahm, Die Funktion von Religion im Leben eines Menschen in: ThF 4, S.46-48	Eine klassische Analyse der religiösen Situation im Zusammenhang mit der Sinnfrage bietet: P.Tillich, Dimension, S.7 ff.
	Textanalyse. Fragen: Was ist heute anders? Welche Ursachen liegen dem Wandel zugrunde - welche Folgen hat das für die Sinnfindung?	Vergleichsmaterial aus der Gegenwart: z.B. Umfrage über den Stellenwert religiöser Antworten heute: R.Oerter, Entwicklungspsychologie, S.290 f. Vgl. auch die Spiegelumfrage "Was glauben die Deutschen" (1967) in: ThF 1, S.11-13
	A: P.Tillich, Die verlorene Dimension	A: Auszüge aus R.Affemann, Krank, S.100-180, bes. S.100-110: "Die Auflösung der festen Formen" (Schülerreferat)

2.2 DER TOD AM BROT ALLEIN

Inhalt/Ergebnis	Medien/Verfahren	Didaktischer Kommentar
Filmgespräch: Motto: Sinnkrise, hervorgerufen durch Erfahrungen in der Welt des Alltags und der Arbeit Aspekte der Filme: "Schachtel", "Ego": - Einschränkung bzw. Zerstörung des Lebens durch institutionelle Zwänge (Schachtel) - Reduktion des Lebens auf bloßes Funktionieren - Erfahrung der Unterdrückung vitaler Bedürfnisse - Kompensation der Einschränkung durch: faschistische Anmaßung, sexuelle Heldentaten - Flucht ins Land der Träume (Paradies, Rausch, Opium - Religion) Aspekte des Films "Stufen": - Parabelartige Zuspitzung: Das Leben als mühsamer, letztlich absurder Aufstieg (Schule, Beruf) - Methodisch ähnlich vereinfachend wie Psalm 90: Leben wie Gras... - Leben als isoliertes Dasein ohne echte Beziehungen	Filme: "Ein Leben in der Schachtel" A: "Ego" A: "Stufen" Fragen zum Filmgespräch: Wie fühlt ihr euch, wie hat euch der Film gefallen? Was habt ihr nicht verstanden? Was war der Inhalt des Lebens dieser Menschen? Zeigen die Filme das Leben wie es ist? Möchtet ihr so leben? Wer lebt so? Wo würdet ihr die Filme kritisieren, wo sie ändern? Die Ergebnisse des Filmgesprächs lassen sich vertiefen und systematisieren, indem einzelne Aspekte, die für eine befriedigende Sinnantwort in unserer Zeit hinderlich sind, genannt werden, z.B.: - das Wohnen ("Schachtel"), Gleichförmigkeit der Architektur (Hochhaus) - Verlust der Individualität durch stereotype Kleidung, Wohnungseinrichtungen, Vermassung - Verlust elementarer Beziehungen zur Natur und zu den Mitmenschen - Erfahrung des sinnlosen Sterbens in der Welt - Transzendenzverlust usw. A: Betrauern wir diesen Mann... M 5	Möglicher Einstieg: Wie würdet ihr als Regisseur versuchen, die Sinnlosigkeit, die ein heutiger Mensch erleben kann, filmisch darzustellen (Absicht: Motivation und Relativierung der sehr "harten" Filme)? Filme möglichst nach dem Gespräch nochmal zeigen. "Ein Leben in der Schachtel" kann auch rückwärts gezeigt werden als "Leben in der Rückschau". A: Zum Aspekt 'Sinnkrise als Folge der Erfahrung in der Arbeitswelt' bieten sich auch an (z.B. in Verbindung von 2.1 und 2.2): Gegenüberstellung von Berichten aus der Arbeitswelt (z.B. G.Wallraff, Industriereportagen, D.Sölle, Leiden, S.80-84) und Gedicht von R.M.Rilke "Werkleute sind wir". Ergebnis: - Der Mensch als funktionierendes Rädchen/der Mensch als Mitarbeiter - Atomisierung der Arbeit/gemeinsames Arbeiten am Ganzen - Vereinzelung/Gemeinschaft - Ausgeliefertsein/Geborgenheit bei Gott und Mitmenschen Dazu können Bilder aus der heutigen Arbeitswelt und aus dem Buch von McAuley, "Sie bauten eine Kathedrale" gezeigt werden. → 2.3

<table>
<tr><th>Inhalt/Ergebnis</th><th>Medien/Verfahren</th><th>Didaktischer Kommentar</th></tr>
<tr>
<td><u>Tod am Brot</u> ist Metapher für dahinvegetierendes Leben, Leben, das tot ist mitten im Leben, Leben, das im Haben eines toten Gegenstandes seinen Sinn findet, weil kommunizieren, schenken und beschenkt werden, nicht mehr stattfinden.</td>
<td><u>Der Tod am Brot allein</u> (Sölle) <u>M 6</u>

Der Text könnte vor der Analyse vom Lehrer vorgelesen werden, weil er unmittelbar anspricht.
Zur Analyse und zum Gespräch:
Gegenüberstellung in zwei Spalten:
<table><tr><th>Tod (Haben)</th><th>Leben (Sein)</th></tr><tr><td></td><td></td></tr></table>Spalte 1 könnte dann Beispiele aus dem Text und der eigenen Erfahrung enthalten.
In Spalte 2 sollten im Gespräch gefundene Alternativen stehen.</td>
<td>Wenigstens ansatzweise sollten an dieser Stelle Lösungswege gezeigt werden. Das kann diese Gegenüberstellung (Tod (Haben) - Leben (Sein)) oder das Gespräch über <u>M 7</u> "Lebensziele" leisten.

Sprichwort, Karikatur und Erzählung vom reichen Jüngling stellen Lebensziele dar, die in sich schon sehr gegensätzliche Wege aufzeigen und dazu noch z.T. in Spannung zueinanderstehen.</td>
</tr>
<tr>
<td><u>Lebensziele: Haben oder Sein?</u>

<u>Chinesisches Sprichwort:</u> Momentanes Glück oder dauerhafter Sinn - die Antwort des Weisen

<u>Mt 19:</u>
Haben oder Sein als Entscheidung für den reichen Jüngling. Jesu Rat: Verzicht auf das Haben (beachte dazu den manipulierten Text)

<u>Karikatur:</u>
Konsumieren oder kommunizieren?
Kritk einer Eigentumsideologie, in der jeder sich selbst der Nächste ist.</td>
<td><u>Lebensziele:</u> Haben oder Sein? <u>M 7</u>

Gruppenarbeit:
Beschreibt die jeweils genannten Zielsetzungen.
Arbeitet die verschiedenen Typen heraus.

Mit welchen Beispielen lassen sich diese Auffassungen veranschaulichen?
Was haltet ihr von der jeweiligen Lebensauffassung?</td>
<td>Mit Hilfe dieser Medien kann das Unterrichtsziel erarbeitet werden, auch wenn die Kurzfilme nicht eingesetzt werden.

Eine Auslegung des chinesischen Sprichworts in: Arbeitshilfe "Brot für die Welt", S.24 f.

Zur Alternative "Haben oder Sein" vgl. das gleichnamige Buch von E.Fromm. Ebd. reichhaltiges Material zu typischen Lebensauffassungen, z.B. Hedonismus, Askese, Mystik, Propheten, Jesus, Marx.</td>
</tr>
</table>

2.3 NUTZLOSES DASEIN - GLÜCKLICHES LEBEN

ZIEL:

Die Sinnhaftigkeit nutzlosen Daseins als theologischen Beitrag verstehen lernen und von daher die Kategorien des Nutzens und der Leistung hinterfragen.

PROBLEMSKIZZE:

"'Frustra vivit, qui nemini prodest' (Für nichts lebt, wer niemandem nützt), steht am Portal einer Krakauer Kirche. ...

Unsere gesellschaftlichen Beziehungen sind allenthalben durch den gegenseitigen Nutzen vermittelt. Ständig gebrauchen wir andere Menschen als Mittel zum Zweck. So tief ist damit unser eigenes Selbstbewußtsein verknüpft, daß daraus die tiefe Depression entsteht, in der ein Mensch feststellt, daß er von niemandem "gebraucht" wird. Was wir füreinander leisten, macht uns einander wert. Die daraus entstehende Leistungsethik wird uns von Jugend auf eingeprägt. Sie entspricht der Unbarmherzigkeit der Gesellschaft, die an Leistung das Überleben bindet, Leistungslosigkeit also mit dem Tode bedroht, Leistungsschwache mit materieller und psychischer Degradierung straft und zur Sorge für Leistungsfähige immer erst durch humane Impulse, die alles andere als selbstverständlich sind, gedrängt werden muß. "Wer nicht arbeitet, der soll auch nicht essen", sagen gemeinsam der Apostel Paulus (2. Thess 3,10, allerdings in einer sehr konkreten Situation und Ermahnung, die nicht als allgemeines und ewiges Prinzip verstanden werden darf) - und, daraus ein Prinzip für die sozialistische Phase der Gesellschaft machend, die Stalinsche Verfassung von 1936. ...

Wird der Wert eines Menschenlebens an dem Nutzen gemessen, den es für andere hat, so ist der Mensch für die anderen ein nützliches Ding -, gleichgültig, ob er zwangsweise zum instrumentum animatum (beseelten Werkzeug), wie die Römer ihre Sklaven bezeichneten, gemacht wird, zum "Menschenmaterial" in Fabriken und Armeen, oder ob er die Leistungsforderung so verinnerlicht hat, daß er selbst den Sinn seines Lebens in seinen Leistungen sieht. Leistungen, die mit anderen Leistungen entgolten werden, sind austauschbar, und austauschbar, ersetzbar sind deshalb auch die Leistenden. Den großen Kommentar zu einer Gesellschaft, die Nutzen und Sinn identifiziert, hat wie kein anderer Karl Marx geschrieben."

H.Gollwitzer, Holz, S.62-64, Ausschnitt

Inhalt/Ergebnis	Medien/Verfahren	Didaktischer Kommentar
Ist Sinn = Zweck und Nutzen? Alle Beispiele zeigen, wie Menschen verschiedener Gruppen unter der Gleichsetzung von Sinn und Nutzen, von Leistung und Wert leiden, wie sie sich nutzlos vorkommen und wie sich das auf ihr Leben auswirkt: Depressionen, Selbstmord, psychosomatische Störungen.	Beispiele: "Mit 45..." M 10 Behinderte M 11 A: Aus dem Leben eines Arbeiters in: D.Sölle, Leiden, S.80-86 A: Film: Endstation einer Familie (Hausfrau) A: Ein Dasein ohne Echo (Hausfrau) A: Andere Beispiele: Schüler, alte Menschen	Eine Analyse der Hintergründe findet sich z.B. in: Bürger im Staat. E.Klee, Behindertenreport, ders.: Behindertsein ist schön. Wichtig ist hier die Auswahl unter den Beispielen; Kriterium dafür sollte einerseits das Schülerinteresse, andererseits die Frage der Alternativen: Fallbeispiele und Lösungshinweise sollten aufeinander bezogen sein.
Überschrift und Texte von M 8 wollen den Schüler herausfordern, die Gleichsetzung in Frage zu stellen. Sie arbeiten den Unterschied zwischen Zweck und Spiel, zwischen Leistung und Person, zwischen "Werk" und Glaube heraus. Die Frage nach dem Nutzen Gottes, des Glaubens, des Spiels, der Person ist in sich selbst unsinnig.	Zur Problematisierung jeder Gleichsetzung: A: Welchen Nutzen hat Gott? M 8 A: W. Hahner, Das kleine große Glück (Bildband über Bethel) A: F: Gott schätzt uns... Junge Menschen erleben Spiel, Feier, Freude, Glück, jenseits des Realitätsprinzips A: Einfach sein... M 9	Es geht darum, Bereiche der Zweckfreiheit zu erschließen, die in der Regel privatisiert oder von der Freizeitindustrie verzerrt werden. Hier soll die Bedeutung und Berechtigung solcher Bereiche, gerade im Zusammenhang der Sinnantwort in einer vom Nutzwert geprägten Umwelt verdeutlicht werden. Zur gemeinsamen Erschließung der Erlebnisebene eignet sich z.B.: Bildbetrachtung, Musik, gemeinsames Malen, spielen, vorlesen, z.B R.Bach, Die Möve Jonathan, dazu die entsprechende Schallplatte.

Inhalt/Ergebnis	Medien/Verfahren	Didaktischer Kommentar
Bibelstellen: Der Sinn des Lebens ergibt sich gerade nicht aus der Leistung. Der Sinn ist Geschenk; vor Gott ist Leben in sich wertvoll, jenseits allen Nutzens (Rechtfertigung des Gottlosen); Gottes Liebe gilt jedem Menschen; das Leben wird erst durch die unverdinete Annahme (Lk 15 und 19) wieder sinnvoll.	Zur theologischen Vertiefung des Problems: Bibeltexte: Rö 4,4 f. → MRU 5, S.17 Lk 19,1-10 → MRU 6, S.31 f. (Lehrerheft) Lk 16,19-31 → D.Bonhoeffer, Es gibt vor Gott kein lebensunwertes Leben, vgl.rechts. Lk 15,11-32 A: H.Gollwitzer, Holz, S.59-62	Weitere Beispiele: D.Bonhoeffer, Es gibt vor Gott kein lebensunwertes Leben in: Ethik, S.174 f. Vgl. auch MRU 1, S.44 Nr.28; vgl. auch H.Böll, Was halten Sie vom Christentum? in: Lesebuch, S.156 f.

Weitere Hinweise zum Verfahren:

Die genannten Beispiele sprechen alle an, können also ohne zusätzliche Motivation vorgetragen oder gemeinsam gelesen werden, evtl. mit vorherigem Tafelanschrieb:
"Für nichts lebt, wer niemandem nützt" (Inschrift am Portal einer Krakauer Kirche, zitiert nach H.Gollwitzer, Holz, S.62).

Als Alternative könnten die Beispiele von Menschen, die unter der Gleichsetzung leiden, mit anderen Beispielen konfrontiert werden, die zeigen, daß sinnvolles Leben gerade nicht auf Leistung beruht. M 11 wäre zur Verdeutlichung heranzuziehen.

Im Zusammenhang mit diesem Vorgehen sollte vom Lehrer die Frage gestellt werden (evtl. mit Hilfe des Textes von H.Böll, Was halten Sie vom Christentum? s.o.): Wie kommen Menschen dazu, eigentlich nutzlosem Leben Sinn, Wert und Lebensrecht zuzusprechen? Dazu sind dann, möglichst paraphrasiert, entsprechende Bibelstellen einzubringen (Beispiele s.o.).

Ein anderes Vorgehen legt die Abfolge der Medien im Schülerheft nahe:

1) Problematisieren der These "Frustra vivit"; → M 8; M 9.

2) Beispiele für die Umwertung des Nutz-Denkens: W.Hahner (Bildband), Film "Gott schätzt uns...", Bibeltexte.

3) Vergleich der gewonnenen Einsichten mit den Erfahrungen in der Leistungsgesellschaft: Fallbeispiele M 10; M 11.

2.4 SOLIDARITÄT - NEUER LEBENSSTIL

ZIEL: *Alternative Lebensentwürfe, die Solidarität mit den Leidenden als Wege zu einem lebenswerten Leben für alle entdecken und dabei Chancen und Grenzen der Veränderung von Lebensbedingungen feststellen.*

PROBLEMSKIZZE: Welche Möglichkeiten gibt es, die Gleichsetzung von Nutzen und Sinn, von Mensch und Leistung zu durchbrechen? Wie kann man die Struktur einer Leistungsgesellschaft so verändern, daß die Erfahrungen der Nutzlosigkeit in positive Erfahrungen von Sinnhaftigkeit umschlagen?

Es gibt Initiativen Einzelner, die sich mit "nutzlosen" Menschen solidarisieren. Andere schließen sich zusammen, um die Gesellschaft zu verändern und versuchen so, sich selbst und zugleich anderen eine Antwort auf die Sinnfrage zu geben (Marxismus, → P. Tillich M 14).

Viele Impulse zur Veränderung scheitern - bei allen Fortschritten bleiben Grenzen, die unverrückbar scheinen: "Die einzige Form des Überschreitens dieser Grenzen besteht darin, den Schmerz der Leidenden mit ihnen zu teilen, sie nicht allein zu lassen und ihren Schrei lauter zu machen" (Sölle) - also solidarisches Hoffen gegen Hoffnungslosigkeit. Diese Sicht begegnet auch bei A.Camus; auch er erkennt in der eigentlich aussichtslosen Lage des Menschen nur die eine Möglichkeit, Solidarität mit den "Gedemütigten als ständige Revolte" gegen die Sinnlosigkeit zu praktizieren.

Inhalt/Ergebnis	Medien/Verfahren	Didaktischer Kommentar
Solidarität mit "nutzlosen" Menschen, z.B. eine Praktikantin: - Arbeit bei Behinderten als sinnvolle Arbeit - Hilfe zur Sinnfindung für den Behinderten durch Zuwendung und Gemeinschaft - Hilfe zur Sinnfindung für den Helfer durch "nützliches Arbeiten", durch Freude und Dankbarkeit	Was kann ich tun? Beispiele aus der Arbeit mit Behinderten: Cornelia: Arbeit M 12 A: Th.Sartory, Zusammenleben lernen (Lebensgemeinschaft von Behinderten und Nicht-Behinderten), S.55 ff. A: Film: Nicht mehr versteckt (gemeinsame Freizeit von Spastikern und Gesunden)	Weitere Beispiele in: Bethel heute Informationen über Ferieneinsätze gibt das Diakonische Werk Informationen über die Aktion Sühnezeichen bei: Aktion Sühnezeichen/Friedensdienste e.V., Jebensstr. 1, 1000 Berlin 12 Weitere Möglichkeiten: Mitarbeit in Gemeinde- und Jugendarbeit, Altenclub usw.

Inhalt/Ergebnis	Medien/Verfahren	Didaktischer Kommentar
<u>Berichte über Aktionen</u> <u>Neuer Lebensstil:</u> - Prioritäten im täglichen Leben setzen und gemeinsam verantworten (z.B. Umgang mit Zeit, Geld, Energie...) - sinnvolles Leben als einfaches Leben in der Gemeinschaft - erfülltes Leben als Leben für andere (Benachteiligte) und mit anderen (Gleichgesinnten) - erfülltes Leben in der Einheit von Wohnen und Arbeiten	<u>Was können wir gemeinsam tun?</u> <u>Anders leben</u> <u>M 13</u> Textlektüre Referat zu ähnlichen Gruppen	Mitarbeit in Gruppen von amnesty international, Sektion der BRD e.V., Venusberg 48 5300 Bonn Ähnliche Gruppen z.B. in 6749 Bundental/ Pfalz, landwirtschaftl. Kooperative ehemals drogenabhängiger Schüler z.B. Initiative Eine Welt → Teil 6 z.B. Basisgemeinde Kornwestheim → Teil 6
D.Sölle: - <u>Leben mit den Leidenden</u> ist Begegnung mit Christus - Leben mit den Leidenden macht das Leben erst menschlich - sinnvolles Leben ist nicht leidfreies Dasein - Unterscheidung von veränderbaren und unveränderlichen Leiden - Leiden teilen ist Hoffen gegen Hoffnungslosigkeit	<u>Leiden</u> (D.Sölle) <u>M 15</u>	Die Überlegungen von D.Sölle können helfen, übergroße Erwartungen bei Jugendlichen auf ein rechtes Maß zu bringen. D.Sölle zeigt, daß eine Gemeinschaft, die keine Leiden mehr kennt und darum auch keinen Trost mehr braucht, inhuman ist. Weitere Texte: - R.Affemann, Lustgewinn als Lebenssinn in: Krank, S.115-121 in Auszügen (diese Ausführungen lassen sich gut in Thesen formulieren) - A.Huxley, Welt, S.193 ff. Auszüge: Gespräch zwischen dem Weltaufsichtsrat (WAR) und dem Wilden

2.5 HINWEISE ZUR WEITERARBEIT: A. CAMUS, K. MARX

In der Problemskizze zu 2.4 sind zwei grundlegende Weisen genannt, wie Menschen in unserem Jahrhundert mit der Erfahrung von Sinnlosigkeit leben bzw. diese Erfahrung zu überwinden suchen:
Das Beispiel des Sisyphos von Camus sowie die von Marx ausgehende Bewegung des Sozialismus.

Beide können bei der Behandlung der Sinnfrage eigentlich nicht ausgeklammert werden, deshalb sollen hier wenigstens einige Hinweise gegeben werden:

2.5.1 ALBERT CAMUS

PROBLEMSKIZZE:

Camus' Problem ist die Erfahrung der Sinnlosigkeit; sie hat zur Voraussetzung die Erkenntnis, daß es keinen Gott und kein Jenseits gibt. Die menschliche Grundsituation ist darum durch die Erfahrung der Absurdität des Lebens gekennzeichnet: Des Menschen Verlangen nach Klarheit, nach Einheit, nach Sinnzusammenhang wird immer wieder enttäuscht. Erfahrungen mit dem Bösen, dem Unvollendeten, dem Zerrissenen, dem Leid, dem Tod bedingen die Enttäuschung.

Aus dieser absurden Lage will Sisyphos nicht durch den Selbstmord und nicht durch den Sprung in den Glauben entkommen, sondern seine "einzige Würde" ... besteht in der "eigensinnigen Auflehnung gegen seine Lage", in der "Ausdauer in einer für unfruchtbar erachteten Anstrengung (Camus, Mythos, S.95). Es ist die "Revolte" gegen eine als sinnlos erachtete Situation, die dem Menschen die einzige "Gewißheit" für sein Leben gibt, mit ihr hält er die Frage nach dem Sinn lebenslang offen, die Revolte gegen Ungerechtigkeit, Leid und Tod fordert lebenslang Sinn. "Bedrängt vom menschlichlichen Bösen und vom Schicksal, vom Terror und der Willkür, bleibt ihm nur die Kraft seiner Revolte, um vor dem Mord zu retten, was sich retten läßt ... Man versteht nun, daß die Revolte nicht ohne eine sonderbare Liebe auskommt. Die weder in Gott noch in der Geschichte ihren Frieden finden, verurteilen sich dazu, für die zu leben, welche, wie sie, nicht leben können: die Gedemütigten." (Camus, Der Mensch in der Revolte, S.246)

Für Schüler kann die Erarbeitung der Texte von Camus sehr motivierend sein, weil sie in manchen Gedanken ihre Situation bzw. ihre Erfahrungen der Welt wiederfinden.

Inhalt/Ergebnis	Medien/Verfahren	Didaktischer Kommentar
1. Die absurde Situation - "Ein Blinder, der sehen möchte und weiß, daß die Nacht kein Ende hat..." (Camus, Mythos, 101)	Abschnitte aus der Novelle "Der Fremde" als Motivation (Vorschlag: Gespräch zwischen Meursault und seiner Freundin über Heirat) Der Mythos von Sisyphos (Kap. IV in "Der Mythos von Sisyphos") Vergleich: Heutige Erfahrungen mit dem Lebensgefühl des Sisyphos von Camus → 2.2	Die genannten Texte von Camus finden sich z.T. in Alternativen, Heft 2 und Heft 6, sowie im ThF Nr. 1 Hilfen für den Lehrer: - W.Trutwin, Gespräch - W.D. Marsch, Revolte - G.Winkhaus, Informationen, S.28 ff.
2. Der Mensch in der Revolte - Revolte gegen die widersinnige Situation des Menschen - Solidarität mit den Leidenden - der glückliche Mensch Sisyphos	Revolte M 16 (ausführlicher im Original S.22-31 und S.244 ff. Die metaphysische Revolte, Jenseits des Nihilismus) Auszüge aus "Die Pest" "Der Mythos von Sisyphos"	
3. Hinweise zur Auseinandersetzung mit dieser Position (vgl. dazu den Aufsatz von W.D.Marsch) - Verständnis Christi bei Camus: Christus gehört auf die Seite der Revolte. Er durchleidet die Tiefe menschlichen Lebens. Auf welche Seite gehört Gott? - H.Zahrnt vergleicht in seinem Buch "Gott kann nicht sterben" die drei Gestalten Prometheus, Sisyphos und Jesus (S.243 ff.). Abschnitte daraus können mit den Schülern besprochen werden.	Fragen: Ist das Glück des Sisyphos konkret im Leben erlebbar? Wie kommt Camus dazu, dennoch durchzuhalten? (Beachte die Rolle des Meeres und des Lichts - eine ursprüngliche Einheit mit der Natur: "Wie konnte ich mit soviel Sonne im Gedächtnis auf die Sinnlosigkeit setzen?" (Camus, nach M.Lebesque, Camus, S.160)	Ein weiterer Text von Camus, der seine Haltung unter anderem auch in der Auseinandersetzung mit dem Christentum im Blick auf die Sinnfrage deutlich macht: Der Ungläubige und die Christen (Vortrag) in: A.Camus, Fragen, S.59 ff.

2.5.2 Karl Marx und der Marxismus zur Sinnfrage

PROBLEMSKIZZE:

Für Marx ist das "Leben dann sinnvoll, wenn es dem Menschen gelingt, den bestehenden Widersinn überholter Produktionsverhältnisse zu eliminieren und Arbeit aus einem Mittel bloßer Selbsterhaltung zu dem zu machen, was sie an sich ist: freie Selbsttätigkeit und kreative Entfaltung aller menschlichen Potenzen" (G.K. Kaltenbrunner, Sinn, S.7)

"Im Klassenkampf will das Proletariat das erreichen, was ihm vorenthalten wird, den Sinn menschlichen Lebens. Jeder einzelne Kampf, mag er um eine politische Einzelheit, mag er um einen Tarifvertrag gehen, ist im letzten Grunde ein Kampf um Erfüllung mit Seinsfülle und Lebenssinn" (P.Tillich).
→ M 14

"Fortschritt als Sinngebung ... Das Denken des Sozialismus ist von jeher von ihm beherrscht" (H.Gollwitzer, Holz, S.127).

Die drei Zitate beleuchten das Spektrum marxistischer Sinngebung: Zunächst ist die Arbeit entscheidender Faktor menschlichen Daseins; sie ist dies nur als unentfremdete, also nach Aufhebung der kapitalistischen Produktionsverhältnisse. Erst dann geschieht es, daß der Mensch zusammen mit seinen Mitmenschen und der ganzen Gattung Mensch in der Arbeit sein Leben genießt.
→ ML 2, K.Marx

So kommen alle, besonders das Proletariat, zu Sinn. Dies geschieht jedoch nur im Zuge eines nach vorn ausgerichteten Geschichtsprozesses, der von den Menschen vorangebracht wird. Wer an der Veränderung des Geschichts- und Befreiungsprozesses mitarbeitet, gibt damit zugleich seinem eigenen Leben eine feste Zielrichtung und eine klare Aufgabe.

Die hier vorgelegte Darstellung der Sinnfrage aus marxistischer Sicht ist eine bewußte Beschränkung auf einzelne Aspekte.

Inhalt/Ergebnis	Medien/Verfahren	Didaktischer Kommentar
Fortschritt als Sinngebung - Arbeit und Sinn - unentfremdete Arbeit als "Genuß des Lebens" für alle - Sinnfindung im Beitrag für den Fortschritt der Gattung - Problematik dieser Sinnfindung	Auszug aus: A.S.Makarenko, Weg ML 2 Lied: Wir bauen einen Garten ML 2 W.Leonhard, Revolution ML 2	Die Medien: Makarenko, das Lied W.Leonhard, haben motivierenden Charakter.
	K.Marx, Arbeit als unentfremdete Produktion in der kommunistischen Gesellschaft - Arbeit als "Genuß des Lebens ML 2 H.Gollwitzer, Holz, S.126 f. Fortschritt als Sinngebung Befreiung (P.Tillich) M 14 Auszug aus H.Gollwitzer, Holz, S.144 f.	Man kann über Arbeit im marxistischen Sinne nicht reden, ohne zuvor grundsätzlich über die Bedeutung der Arbeit bei der Selbstverwirklichung des Menschen (besonders bei Hegel und Marx) sowie über die Möglichkeit der Entfremdung etwas informiert zu haben; eine gute Hilfe dazu bietet: I.Fetscher, Marx, S.15-22 Weitere Texte zur Rolle der Arbeit in: I.Fetscher, S.43 ff. Zur Vorbereitung und Auseinandersetzung, z.T. auch als Schülermaterial geeignet: - G.K. Kaltenbrunner, Sinn - J.M.Lochmann, Christen und Marxisten, bes. S.44 ff. - H.Gollwitzer, Holz, Kap.IV - H.Gollwitzer, Religionskritik - W.Boder, Die Sinnfrage: Das Paradies auf Erden - Impulse Nr.8, S.5 f. Arbeitstexte Nr.6 - Konfessionen des Marxismus

3. ICH HALTE NICHT STAND - DER LAUTLOSE PROTEST

3.1 FLUCHT VOR DEM LEBEN

ZIEL: *Suicid, Sucht und Apathie als Ausdruck der nichtbewältigten Sinnfrage verstehen.*

PROBLEMSKIZZE: Menschen, die an "innerseelischer Leere" (R.Affemann) leiden, Menschen, denen eine Gesellschaft nur mit den Kategorien Leistung und Nutzen begegnet, Menschen, die in ihrem Alltag tagaus tagein nur für sie sinnlose Arbeit verrichten müssen, Menschen schließlich, die sich selbst als Folge der Verinnerlichung gesellschaftlich vermittelter Werte nur noch an ihrer Leistung messen, tendieren früher oder später dazu, sich wenigstens kurzzeitig Entlastung, Glücksgefühle zu verschaffen oder sie verfallen in Apathie, also in einen Zustand absoluter Gleichgültigkeit oder sie versuchen durch einen Selbstmordversuch einen letzten Appell zur Veränderung.

Wir alle benötigen Räume in unserem Leben, in die wir uns zurückziehen können. Der Urlaub, der Feierabend, Musik, ein Glas Bier das sind nur einige Möglichkeiten, die wir benutzen, um aus dem Alltag auszusteigen, um dem Alltag mit neuen Kräften begegnen zu können.

Es ist sehr schwer festzustellen, wo die Grenze liegt zwischen einer 'natürlichen Regression', die uns hilft, dem Leben besser standzuhalten und jener Flucht, die einer Aufkündigung des Lebens gleichkommt.

Die Einsicht, daß wir alle mit der Regression, mit der Flucht vor dem Leben zu tun haben, sollte uns davor bewahren, allzu distanziert und moralisierend von jenen zu reden, die den Anforderungen ihres Lebens nicht standhalten.

In diesem Abschnitt kommen nur einige wenige Beispiele zu diesem problematischen Aspekt der Lebensbewältigung zur Sprache. Jedes der gewählten Beispiele hat sein Eigengewicht und kann durchaus erweitert werden. Im Unterschied zu Teil 2, bei dessen Beispielen mehr die Welt der Arbeit im Mittelpunkt stand, geht es hier in Teil 3 um Beispiele, die dem Erfahrungsbereich des Jugendlichen näher liegen. Zudem ist dieser Teil im Unterschied zu dem mehr gesellschaftlich bezogenen Teil 2 stark auf die individuellen Probleme eines jungen Menschen bezogen, der sich die Sinnfrage stellt.

Die hier angeschnittenen Fragen bewegen sich im Grenzbereich des Lebens. Jeder, der sich damit beschäftigt, sollte wissen, daß sehr viel Behutsamkeit dazugehört, vorhandene

Schwierigkeiten mit dem Leben bei Jugendlichen so anzusprechen, daß nicht noch eine zusätzliche Verstärkung und Verunsicherung eintritt. Dies gilt insbesondere für das Thema Selbstmord, bei dem man - wie aus der Psychotherapie bekannt - von einer latenten und daher nicht berechenbaren Selbsttötungsbereitschaft ausgehen muß.

Die Statistik zeigt, daß Selbstmord vor allem in bestimmten kritischen Lebensphasen vorkommt (z.B. Pubertät, Alter). Wichtig sind diese Einsichten:

1. Der soziale Aspekt:
   (Überforderung und Kontakt)

Der Selbstmord kann in vielen Fällen - vor allem der Selbstmord-Versuch - als Hilferuf verstanden werden. Ein Ruf in einer nicht überschaubaren Krise, ein Ruf nach Aufmerksamkeit und Kontakt für den, der sich alleine zu schwach fühlt.

2. Der entwicklungspsychologische Aspekt:
   (Selbstmordhäufigkeit in bestimmten Lebensabschnitten)

Die Bewältigung einzelner Lebensabschnitte ist ein Kampf auf Leben und Tod. "Etwas in mir muß sterben, damit das Neue in mir entstehen kann" (→ Brocher, M 26). In der Pubertät muß ein neues Ich über das kindliche hinauswachsen. Selbstmord-Äußerungen sind deshalb entwicklungspsychologisch so zu verstehen: Was muß in dir sterben, was will und muß wachsen? Ein solches Verständnis bringt ein konstruktives Verhalten mit sich.

3. Der psychotherapeutische Aspekt:

Trotz vielfacher Wiederholung ist Selbstmord kein Freitod, sondern ein Zeichen von Fehlanpassung und Depression. Auch der Abschiedsbrief M 17 legt dieses Verständnis vom Freitod nahe, sollte aber auf dem Hintergrund vielfacher psychotherapeutischer Erfahrung kritisch gesehen werden.

Weiterführende Literatur (gut lesbare Zeitschriften und Lexikonartikel; → auch Literaturverzeichnis):

H.Harbauer, Selbstmord bei Kindern, S.491 ff.

R.Welz, Selbstmord, S.37 ff.

E.Ringel, Suizid

K.Thomas, Menschen, S.33 ff.

Inhalt/Ergebnis	Medien/Verfahren	Didaktischer Kommentar
Zum Selbstmord: Inhalt des Abschiedsbriefs: - Kritik an dieser Welt mit ihren Maximen: Gewalt, Luxus, Anpassung, Unterdrückung, Routine ('Plasticpeople') - Selbstmord als Folge einer mißlungenen Anpassung an die Realität - Tod als 'Gevatter', Hoffnung des Glaubenden, Alternative zur Bosheit und Vergänglichkeit	Abschied von den Eltern M 17 zitiert in: Dienstagsreaktion vom 17.12.77 Gemeinsame Lektüre und Besprechung des Briefes: Hauptinhalte, Motive (verblüffende Parallele zu J.Klepper)	Teil 2.3, M 10 enthält bereits das Selbstmordmotiv. Daran kann angeknüpft werden. → M 19.
Kritische Aspekte des Briefes: Realitätsbegriff. Was macht die Anpassung so schwer? Was bedeutet Anpassung? Wurde hier Anpassung abgelehnt oder ist sie mißlungen? Selbstmord als 'freie Tat' ('Freitod') oder als depressive Fehlhandlung? Selbstmord als Kritik an einer fehlgeleiteten Gesellschaft, als Anklage an einer Generation, die nicht in der Lage ist, Jugendlichen positive Identifikationsmöglichkeiten und Lebensmut zu vermitteln.	Diskussion der kritischen Aspekte Bei intensiver Behandlung sei die Einladung eines Fachmannes empfohlen, z.B. Arzt, Psychotherapeut, Seelsorger, Vertreter der TS (→ Problemskizze!). Zur Vertiefung: A: Gebet für Marilyn M 18 A: H.D. Hüsch, Ich sing für die Verrückten (Lied/LP) → 4. AVM	
Zur Sucht: - Der Zusammenhang zwischen Sucht und Sinnfrage - Das Versagen der Gesellschaft - Die Sucht - Anklage gegen die Erwachsenen	Krise der Gesellschaft M 19	Material zur Sucht: ThF 14, S.27 ff.; S.Keil, 4. Handbuch, S.1001 ff. Das Drogenproblem im Zusammenhang der Sinnfrage zeigt der Film 'Shit', Teil 1 (Ausschnitte!).

Inhalt/Ergebnis	Medien/Verfahren	Didaktischer Kommentar
- Zentren, in denen neues Leben möglich ist	Fragen: - Welchen Zusammenhang sieht Stammler zwischen Sucht und Sinnfrage? - Worin zeigt sich 'die Krise der Gesellschaft'? - Teilen Sie die Behauptung vom Versagen der Erwachsenen? - Welche Alternativen sieht Stammler? Die Thesen von E.Stammler sind zu überprüfen, etwa am Beispiel Jutta M 20 S.24 oder Beispiel Mechthild ML 4	
Zur Gleichgültigkeit und Apathie: Gleichgültigkeit als ein typisches Erscheinungsbild für viele Schüler, Gleichgültigkeit etwa in bezug auf politische Fragen (SMV), auf soziale Vorgänge in der Umgebung (Solidarität in der Schule), auf eigene Zukunftschancen (NC). Gleichgültigkeit als Zeichen der Lebensunlust, der Hoffnungslosigkeit, der Enttäuschung, Gleichgültigkeit - eine Art Selbstaufgabe.	Gleichgültigkeit und Sinnlosigkeit R.Affemann, Krank, S.77 ff. Dieser Text könnte im Anschluß an ein Beispiel aus 2.3 (Erfahrung der Nutzlosigkeit der Person, des eigenen Tuns) gelesen werden, er ist aber auch zusammen mit der Schüleräußerung aus sich heraus ansprechend: Lustlosigkeit und daraus folgend Schulversagen, Störungen der Kommunikationsfähigkeit und Drogenkonsum sind Zeichen einer tiefgehenden Sinnkrise. Finden Sie Gründe für diese These. Halten Sie die bei Affemann aufgezeigten Zusammenhänge für schlüssig?	Beim Thema Apathie muß der Schwerpunkt nicht bei den Texten, sondern in der Analyse der eigenen Situation des Schülers liegen. Es ist sicher lohnenswert, einmal das gerade bei Schülern verbreitete Gefühl der Gleichgültigkeit ("Was bringt mir das schon?") im Zusammenhang der Sinnfrage zu thematisieren. Statt des Textes von R.Affemann eignen sich auch die folgenden Texte: V.Frankl: Lebenssinn, Th F 13, S.53-55. D.Sölle, Leiden, S.50 ff.

3.2 LEBEN LERNEN

ZIEL:

Am Beispiel der Heilung seelisch Kranker Elemente kennenlernen, die ein positives Lebensgefühl begründen können.

PROBLEMSKIZZE:

In besonders scharfer Diktion stellt der Psychoanalytiker R. Laing einen Zusammenhang her zwischen der Sinnkrise der westlichen Gesellschaft und der psychischen Krankheit:
"Wir leben in einer Zeit, in welcher der Boden schwankt und die Fundamente beben.
Unter diesen Umständen haben wir allen Anlaß, verunsichert zu sein. Der letzte Grund unserer Welt ist in Frage gestellt - wir aber stolpern in Löcher im Boden, fliehen in Rollen, Status, Identitäten, interpersonale Beziehungen. Wir versuchen, in Luftschlössern zu leben; denn es gibt keinen festen Boden im sozialen Kosmos, auf den man bauen könnte.
Wir alle sind Zeugen davon...
Doch am radikalsten sind die ontologischen Fundamente erschüttert. Es gibt keine Hilfen - nichts, an das man sich halten könnte, außer vielleicht ein paar Wrackstücke, einige wenige Erinnerungen, Namen, Töne, ein oder zwei Objekte, die eine Verbindung herstellen mit einer Welt, die längst verloren ist. Die Leere ist vielleicht nicht leer. Vielleicht ist sie bevölkert von Visionen und Stimmen, Geistern, fremden Gestalten und Erscheinungen. Wer noch nie erfahren hat, wie substanzlos und blaß der Prunk äußerer Realität sein kann, der wird die sublimen und wunderlichen Wesen nicht realisieren, die sie verdrängen oder neben ihr existieren können. Er nimmt sie nicht wahr."

R. Laing, Phänomenologie, S.120 f.

Hier soll anhand eines Fallbeispiels bzw. alternativer Filme gezeigt werden, wie ein Mensch, der krank geworden, ist wieder lernt mit seinem Leben umzugehen.

Inhalt/Ergebnis	Medien/Verfahren	Didaktischer Kommentar
Fallbeispiel: - Beginn psychischer Störungen in der Pubertät: Lebensangst, Depressionen, Schlaflosigkeit	Fallbeispiel Jutta M 20	Die hier aufgeworfene Fragestellung verbindet sich mit dem Inhalt von Teil 2.4. Ein anderer Zusammenhang ergibt sich mit Teil 4.1 und 4.2: "Identität". Es ist möglich, die
- Rückzug in Phantasien, Träume, Rausch (Tabletten, Alkohol) totaler Realitätsverlust	A: Film: David und Lisa	Teile 2.4, 3.2, 4.1 und 4.2 auch im Unterricht miteinander zu verknüpfen. Beispiel:
- klinische Behandlung, AA-Gruppe: langsames Erlernen von Gefühlen, Liebe, von Zielbewußtsein: für Heute zu leben, für sich selbst und für andere etwas Sinnvolles zu tun	A: Film: Arthur, Arthur Filmbeschreibung, Fragen in: Arbeitshilfe, S.47 ff., S.36 ff. A: Film: Der lautlose Protest	2.2 Sinn und Nutzen 2.3 ↓ 3.1 Flucht ↓ 4.2 Ich-Entwicklung 4.1 Identitätskrise ↓ 2.4 Therapeutische 3.2.3 Beispiele ↓ 5.2 Nachfolge

4. ICH SUCHE MICH SELBER - ICHENTWICKLUNG UND LEBENSBEJAHUNG

4.1 IDENTITÄTSKRISE ALS SINNKRISE

ZIEL: *Entwicklungsbedingte Krisen in der Pubertät unter dem Aspekt der Identitäts- und Sinnkrise verstehen.*

PROBLEMSKIZZE: Das Wort 'Identität' ist ein Schlüsselbegriff für die Sinnfrage. Wenn es erlaubt ist, von einer religiösen, sozialen und psychischen Identität zu reden, so lassen sich die Aspekte dieses Unterrichtsmodells auf solche Weise ordnen:

1. Religiöse Identität: (Teil 1.2 und 5.2)

Religion ist nach E.Fromm zu verstehen als ein umfassendes Bedürfnis nach Liebe und Geborgenheit, nach Aufhebung der Getrenntheit des Menschlichen vom Göttlichen. Identität meint also hier das Eins-Sein des Individuums mit Gott, das Aufgehobensein des Endlichen im Unendlichen, mithin also das, was Augustin mit seinem berühmten Satz zum Ausdruck brachte: 'cor meum inquietum, dum requiescat in te' und was D.Sölle mit dem Begriff "Ganzheit" umschreibt (Hinreise).

2. Soziale Identität: (Teil 2 und 3)

Teil 2 und 3 gehen davon aus, daß eine geglückte soziale Integration eine wesentliche Voraussetzung zu einer positiven Sinnantwort ist, wie auch umgekehrt: daß eine Fehlanpassung sich in lebenszerstörenden Impulsen (z.B. Selbstmord, Drogen) auswirkt. Soziale Identität bedeutet hier nicht nur, daß ich mich an die Anforderungen meiner Umwelt anpasse, sondern daß ich mich auch mit meinem sozialen Status und Lebensraum identifizieren kann.

3. Psychische Identität: (Teil 4 und 3)

Hier geht es um zwei Aspekte: 4.2 zeigt an der frühkindlichen Entwicklung auf, welche Bedeutung das erfahrene Vertrauen für eine bejahende und belastbare Lebenshaltung hat. 4.1 stellt einen Zusammenhang her zwischen der Sinnfrage und der Frage nach dem Ich, die gerade in der Pubertät für viele zum ersten Mal aufbricht. Mit einer neuen Phase der Ichentwicklung wird das kindliche Lebensgefühl - eine Art naives In-der-Welt-Sein - abgelöst durch bewußtes Infragestellen auch der eigenen Existenz: 'Woher komme ich?', 'Wozu bin ich überhaupt auf der Erde?', 'Wer bin ich?'

(Zum Begriff 'Identität' → S.Keil, Handbuch,

S.503 ff., H.J. Schultz, Psychologie, S.164 ff. → 4.2)

Auch für diesen Teil 4.1 ist die abstrakt-kognitive Ebene sekundär. Hier geht es vielmehr darum, das unmittelbare Erleben dessen zu artikulieren, was mit dem Identitätsbegriff gemeint ist. Eine etwas saloppe, aber ansprechende Beschreibung liefert Hildegard Knef in ihrem folgenden Lied:

"Ich möchte mich gern von mir trennen,
wenn möglich auf längere Zeit.
Es reicht mir, mich näher zu kennen;
ich mag mich nicht mehr - tut mir leid!
Was kann es denn schwereres geben
als so mit sich selber zu leben -
und dieses ein ganzes Leben? ..."
Hildegard Knef

Inhalt/Ergebnis	Medien/Verfahren	Didaktischer Kommentar
Die Identitätsfrage als gegenwärtiges Problem des Schülers: - Gefühl der Gespaltenheit, der Unzufriedenheit mit sich selbst (H.Knef) - Verlust des Ich durch Zerstörung elementarer Bedürfnisse (EGO) - Wunsch nach unverstellter Offenheit (Maske) und angstfreier Kommunikation (T.Brocher) - Sehnsucht nach Ganzheit und Geborgenheit (D.Sölle) - Märchen als ursprüngliche Ausdrucksform des Wunsches nach Lebenserfüllung, Glück und positive Entfaltung des eigenen Ich ('Wanderschaft', 'Blaue Blume', 'Goldener Vogel', 'Kugel')	Zum Problem der Ich-Findung: Einstieg: Ich möcht'... M 21 (H.Knef) A: Brief M 22 (T.Brocher) A: Antwort M 23 (D.Sölle) A: D.Sölle, Die Hinreise, S.121 ff. Ebd. weitere Beispiele und Anregungen, z.B. Elia-Paraphrase, Märchen A: Film 'Ego' → 2.2	Hier wird der Identitätsbegriff auf der Erfahrungsebene angesprochen. Das setzt beim Lehrer die Fähigkeit voraus, das entsprechende Wissen personbezogen und gefühlsmäßig einzubringen; auf seiten des Schülers erfordert es Vertrauen, um die angesprochenen Beispiele auf sich beziehen und von sich selbst sprechen zu können. Es erfordert eine gute Schüler-Lehrer-Beziehung.

4.2 GEBORGENHEIT UND GLÜCK ALS URERFAHRUNG

ZIEL: *Zusammenhänge zwischen der frühkindlichen Entwicklung und dem 'Vertrauen zum Leben' kennen lernen.*

PROBLEMSKIZZE: Urvertrauen als ein Grundvertrauen in die Umwelt entsteht in der Erfahrung von intensiver und dauernder Zuwendung der Bezugsperson im Kleinkindalter. Es bewirkt Selbstvertrauen, das wiederum Grundlage eines Identitätsgefühls wird, "das später zu dem ... Gefühl wird, 'in Ordnung zu sein', man selbst zu sein und einmal das zu werden, was die Umwelt von einem erwartet" (E.H. Erikson, Identität, S.72). Bei alledem wird Glück erfahren; d.h. ich lebe in einer befriedigenden Beziehung, die mir, ohne dafür etwas leisten zu müssen, zuteil wird: Das Leben hat Sinn.

Belege dafür sind neben den Lebensgeschichten von psychisch und/oder sozial kranken Menschen die Untersuchungen von R.A. Spitz an Heimkindern.

Diese frühkindlichen Erfahrungen bleiben Maß und Hilfe bei späteren Krisen, besonders auch in der Pubertät; d.h. bei der Infragestellung aller Sicherungen; bei der Aufgabe, eine neue Identität zu gründen.

Inhalt/Ergebnis	Medien/Verfahren	Didaktischer Kommentar
Psychologische Informationen zum Identitätsbegriff, zur frühkindlichen Ich-Entwicklung, zum Urvertrauen als Voraussetzung von Lebensbejahung, zum Zusammenhang von Sinn und Glück, zur Identitätskrise in der Pubertät. Weitere Ergebnisse → ML 3 → 2. Informationen zur Sache - Thesen Nr. 1-8	Psychologische Informationen: Arbeitstexte mit Fragen: - zur frühkindlichen Sozialisation: J.G. Appy ML 3 R.Spitz - zur Identitätsentwicklung in der Pubertät: E.H. Erikson: Identitätskrise ML 3 - zum Zusammenhang von frühkindlicher Sozialisation und Lebensbejahung: Fallbeispiel Mechthild ML 4 A: Referate → ML 3	Der gesamte Abschnitt ist unter dem Aspekt einer positiv verlaufenden Sozialisation formuliert. Der Lehrer muß mit Schülerfragen rechnen, die die Prognosen von negativen Verläufen ansprechen (u.U. sogar aus persönlicher Betroffenheit!): Er wird darauf sehr behutsam reagieren müssen, vielleicht sogar mit dem Angebot eines persönlichen Gesprächs (beachte den Zusammenhang von Sinnfindung und personaler Beziehung!). Ausführlich zur Identitätsproblematik in der modernen Gesellschaft: ru, S.149 ff.

5. ICH FINDE SINN IN DER SINNLOSIGKEIT - SINN UND GLAUBE

5.1 SINN IN DEN MENSCHLICHEN BEZIEHUNGEN

ZIEL:

Intensive menschliche Beziehungen als Sinnantwort erfassen und sich mit ihrer Begrenzung durch den Tod auseinandersetzen.

PROBLEMSKIZZE:

Wenn die Grunderfahrung für das, was sinnvolles Leben ist, in der ersten menschlichen Beziehung zwischen Bezugsperson und Kind gemacht wird, so sind damit für alle späteren Versuche von Sinnfindung Maßstäbe gesetzt: Sinn ist Geschenk, nicht Leistung; ich bin darum nicht meines Glückes Schmied. Sinn kann nur in solchen Beziehungen gesucht und gefunden werden, in denen Lieben und Geliebtwerden möglich ist. "Das, was den Menschen seine Existenz schätzen, sein Leben lieben läßt, liegt also in diesen Beziehungen" (H.Gollwither).

Sinnvoll sollen mein ganzes Leben, gerade auch meine Enttäuschungen und die Bedrohungen meines Lebens sein. Es muß mich also etwas in schwierigen Lebenssituationen tragen, auch im Sterben mir noch Sinn verleihen können.

Wenn menschliche Beziehungen (z.B. Liebesbeziehungen) mir den Sinn meines Lebens vermitteln, dann besteht die Gefahr, daß die Angst vor dem Zerbrechen der Beziehung, d.h. vor dem Verlust des (einzigen) Lebenssinns vorherrscht. Solchen Beziehungen wird zuviel zugemutet, wenn sie das Leben tragen sollen. Sie beruhen dann nicht mehr auf der immer wieder in Freiheit erneuerten Entscheidung füreinander, sondern auf dem Zwang, das Leben des jeweils anderen Partners tragen zu müssen.

Die Sinn-Antwort darf also nicht von unserer Leistung und von anderen Menschen abhängen. Sie muß auf einer personalen Beziehung beruhen, die unverlierbar ist und die selbst noch im Tod Gewißheit vermittelt, geborgen zu sein, sie muß auf Gott vertrauen können.
→ 2., Thesen 4-10

Inhalt/Ergebnis	Medien/Verfahren	Didaktischer Kommentar
Vorbemerkung: Die wesentlichen Ergebnisse dieses Teils sind gegeben: 1. durch die Gesprächsergebnisse zum Spiel und zu Anne Philipe M 25 2. durch T.Brocher M 26 3. durch den Text Gollwitzers M 27, der zugleich den systematischen Hintergrund des ganzen Abschnitts angibt. Die Reihenfolge von 2. und 3. kann auch umgekehrt werden, je nachdem, ob man mehr den psychologischen → M 26 oder mehr den theologischen Aspekt → M 27 akzentuieren möchte.		Für das Spiel wird Zeit benötigt (ca. 2 Schulstunden). Es hilft zur realistischen Konkretion; der Schüler kann aber dennoch seine Antworten verfremdet verbalisieren. 4 Schüler genügen für das Spiel.
Ergebnis 1: Soll mein Leben einen Sinn haben, dann muß es mit anderem Leben verbunden sein, ein Leben, das menschlich ist: Ich muß also mit ihm reden können, es lieben dürfen und von ihm geliebt werden. Sinn ist darum ein Geschenk. → 2., These 4-8	Zum Ergebnis 1: Spiel: "Glück" in H. Frör, Spiel, S.138 ff. Fragen: Wie kann ich 'jemand' werden? Wie kann ich ein befriedigendes Leben gestalten? Wie kann ich mit inneren und äußeren Widerständen fertig werden? Gespräch über die verschiedenen Aspekte erfüllten Lebens und ihre Tragfähigkeit. A: Brainstorming zu "Glück" → Teil 0 A: Gespräch über Liebe, Glück und Sinn Impuls: Morgens M 24 (B.Brecht) A: Bilder auswählen, die Glück darstellen (Zeitschriften; Jost: Photosprache o.ä.) → 4.4 AVM	In diesem Teil sollen Bedingungen einer Sinnantwort aus christlicher Sicht erarbeitet werden. Im Spiel 'Glück' werden z.B. solche Sinnantworten gegeben. Aus ihnen kann Ergebnis 1 entwickelt werden. Auch M 27 führt zu Ergebnis 1, ebenso wie die Alternativen. M 27 zeigt zugleich die Begrenzung dieser Antwort durch den Tod. Diese Problematisierung von Ergebnis 1 führt zu Ergebnis 2 und 3.

Inhalt/Ergebnis	Medien/Verfahren	Didaktischer Kommentar
A.Philipe hat mit ihrem Mann ihr Leben ganz auf die gegenseitige Liebe aufgebaut. Nach dem Krebstod ihres Mannes steht sie vor dem Nichts.	Frage: Was macht das Leben lebenswert? Aufgreifen und Problematisieren der Ergebnisse aus dem Spiel bzw. den Alternativen durch: <u>Liebe und Tod</u> <u>M 25</u> (A.Philipe)	
<u>Ergebnis 2:</u>	<u>Zum Ergebnis 2:</u>	
Soll das Leben gelingen, dann muß das Zerbrechen von Beziehungen bewältigt werden. Leben heißt: sich ständig wandeln, heißt: loslassen, sterben lernen. Liebe und Leiden, Leben und Sterben gehören zusammen. Die Sinnfrage impliziert die Frage nach dem Tod.	<u>Leben und Tod</u> <u>M 26</u> (T.Brocher)	Die Auseinandersetzung mit diesem Thema ist wichtig, weil Partnerschaft und Liebe als Sinnantwort einem weitverbreiteten, vor allem auch durch die Medien unterstützen Klischee entspricht. Zudem befinden sich viele Jugendliche 'auf der Suche nach Partnerschaft'.
<u>Ergebnis 3</u>	<u>Zum Ergebnis 3:</u>	
Soll die Frage nach dem Sinn eine tragfähige Antwort finden, muß das andere Leben mich überdauern; es darf nicht vor mir enden. Sinn muß für ein ganzes Leben da sein, sonst herrscht Angst vor dem Zerbrechen und nicht Geborgenheit vor. → 2., These 9-10	<u>Sinn über den Tod hinaus</u> <u>M 27</u> (H.Gollwitzer)	Am Ende dieses Teils stellt sich unweigerlich die Gottesfrage - wer an diesen Teil nicht direkt Teil 5.2 (Sinn in der Nachfolge) anschließt, müßte wenigstens an einem positiven Beispiel zeigen, inwiefern der Glaube bleibenden Sinn vermittelt. → <u>M 28</u>

5.2 SINN IN DER NACHFOLGE

ZIEL:

An Philipper 2,5-11 das Leben Jesu als scheiterndes und dennoch sinnvolles Leben verstehen; dieses Leben als mögliches Paradigma für heute befragen.

PROBLEMSKIZZE:

Eine heutige religiöse Deutung der Sinnfrage muß bei der modernen Erfahrung des Scheiterns und der Sinnlosigkeit einsetzen.

Der christliche Glaube nimmt diese Erfahrung auf und macht Mut, gegen diese Erfahrung der Sinnlosigkeit auf den verborgenen Gott zu vertrauen (theodizee).

Das Leben und die Verkündigung Jesu sind Beispiel und Vorbild eines solchen vom Scheitern bedrohten und dennoch sinnvoll gelebten Lebens.

Provozierend, aber richtig sagt D.Sölle: "Ich halte Jesus von Nazareth für den glücklichsten Menschen, der je gelebt hat." Glücklich, weil für ihn die Sinnfrage gelöst war und weil er anderen Sinn vermitteln konnte; glücklich, weil er in Beziehungen lebte, in denen er Liebe erfahren und Liebe geben konnte.
→ 2. Informationen zur Sache - Thesen und Zitate; Thesen Nr. 21-24.

Inhalt/Ergebnis	Medien/Verfahren	Didaktischer Kommentar
<u>Sinn in der Nachfolge Christi:</u> "Wie komme ich zu meiner Identität, wie werde ich meiner selbst gewiß? Seltsamerweise nicht so, daß ich mich auf mich selbst zurückziehe, daß ich mich festzuhalten versuche und meinen personalen Besitzstand verteidige. Ich muß gerade das Gegenteil tun, mich loslassen, mich in die Wandlungen hineinbegeben." (O.Betz) Weitere Zitate → 2. Informationen zur Sache, Thesen Nr.21 + 22	<u>Vergleich:</u> Bildbetrachtung und Textauslegung <u>In Memory</u> <u>M 29</u> (O.Kokoschka) <u>Sich finden</u> <u>M 30</u> (Phil 2) Fragen: In welcher Weise nehmen Ausdruck und Gestik Jesu auf dem Bild Motive von Phil 2 auf? Welche mythologischen Aussagen werden durch das Bild übersetzt? Kommentar: Zitate von O.Betz → Inhalt - Ergebnis	→ hierzu: Darstellung und Unterrichtsbeispiel von O.Betz, Sich-loslassen und Sich-finden, in: RU 4,3, 1974 Es erscheint hier geboten, sehr offen in der Planung zu bleiben, weil hier wohl der eigenen Stellungnahme des Lehrers besondere Bedeutung zukommt. Glaubwürdig werden diese Beispiele und diese Gedanken nur, wenn der Lehrer selbst sie zu vertreten vermag.

Inhalt/Ergebnis	Medien/Verfahren	Didaktischer Kommentar
Film: <u>Die Parabel</u> Der Film spielt im Zirkus, Allegorie für 'die Welt'. Ein Clown begleitet diesen Zirkus auf einem Esel. Dieser Clown fällt aus der Rolle: Er setzt sich an die Stelle derer, die im Zirkus nur eine Nummer sind: Tierpfleger, Neger, Frau usw. Dafür erntet er den Haß des Zirkusdirektors. Er endet als Marionette des Bösen wie der Gekreuzigte unter der Zirkuskuppel. Der Direktor übernimmt nun überraschend die Rolle des Clowns. Am Ende wie am Anfang reitet der Clown auf einem Esel dem Zirkus nach.	Impuls zum Bild 'In Memory': 'Ich halte Jesu für den glücklichsten Menschen, der je gelebt hat.' (D.Sölle) Wie verhält sich dieses Zitat zu dem, was auf dem Bild zum Ausdruck kommt? <u>A</u>: <u>Vergleich:</u> Filmgespräch und Textauslegung <u>Film: Parabel</u> <u>Sich finden</u> (Phil 2) <u>M 30</u> <u>A</u>: <u>Vergleich:</u> Filmgespräch und Textauslegung - <u>Film: Parabel</u> - <u>Sich finden</u> (Phil 2) <u>M 30</u> <u>Fragen:</u> - Der Begriff Parabel (Der Film ist eher eine Allegorie!) - Was bedeuten die einzelnen Szenen und Figuren? z.B. Circus = Welt. Neger, Frau etc. = die Armen der Welt, Jesu Jünger - Hat sich Jesus auch verhalten wie der Clown? → <u>M 29</u>, <u>M 30</u> - Was bedeutet die Schlußszene für uns als Zuschauer? <u>A</u>: <u>Bibelarbeit</u> zu <u>M 29</u>: Lk 18,18-27" Mt 5, 1-12; Lk 9,23 <u>A</u>: <u>Textanalyse:</u> H.Gollwitzer, Ich frage, S.7-12 in Auszügen (vortragen, vorlesen)	Die Gestik des Leidens, des Helfens und Bittens kann auch an anderen Medien und Themen des Heftes dargestellt werden, z.B. in: Teil 1 (Holzschnitt), 2.3, 2.4, 3.2, 4.2, 5.1 Vertiefung durch: Bekenntnis eines ehemals drogensüchtigen Mädchens; Bekenntnis einer jungen Christin → 4. AVM-Verzeichnis Das Doppelmotiv von Phil 2 durchzieht wie ein roter Faden alle Medien von 5.2. Damit werden wichtige christologische Aussagen zur Sinnfrage herangezogen. Darüber hinaus ist für den Schüler in der für ihn oft verwirrenden Vielfalt der biblischen Botschaft ein innerer Zusammenhang erkennbar.

Inhalt/Ergebnis	Medien/Verfahren	Didaktischer Kommentar
Gedicht: Gotama Die Figur Jesu ist nicht nur als Glaubensinhalt im Zusammenhang der Sinnfrage wichtig. Jesus ist zudem, ähnlich wie Buddha, eine kollektive Symbolfigur, nach der Generationen bewußt und unbewußt ihr Leben ausgerichtet haben. D.Sölle entfaltet in dem Gedicht das Besondere an Jesus, der darin über Buddha hinausgeht, daß er sich entäußert, sich solidarisiert und mit seinem Leiden ein unverwechselbares Zeichen setzt. Bergpredigt: Die Bergpredigt darf sicher als der Text Jesu angesehen werden. In exemplarischer und in der Lukasversion für den Schüler konkreter faßbaren Weise sollen hier die Inhalte, die Ziele genannt werden, die Jesu Leben und das Leben seiner Jünger mit dem Sinn erfüllt haben, den das NT nur paradox ausdrücken kann: 'Wer sein Leben verliert...'	Textinterpretation und Vergleich: Gotama M 29 Lebensrad M 30 Kommentar zum Bild und weitere Bilder (Dias) in: TD: Meditation, Begleitheft, S.61-63 A: Vergleich: Gotama M 29 Bergpredigt M 33 Lk 6,20-36 A: Vergleich M 30 und: Der breite und der schmale Pfad, Poster, St.Johannes-Druckerei 7630 Lahr-Dinglingen (sehr empfehlenswert) Die Gegenüberstellung der beiden Bilder zeigt im Kontrast: - die unterschiedlichen Inhalte positiver und negativer Lebensführung - die religiösen und weltanschaulichen Implikationen (Buddhismus - pietistische Volksfrömmigkeit) - die Ernsthaftigkeit und gleichzeitige Naivität des Künstlers, und damit verknüpft: - die Forderung nach dem Transfer, der Übertragung der Bildinhalte auf unsere Realität	Texte, die eine Weiterarbeit an diesem Punkt unterstützen, finden sich z.B. in: W.Tebbe (Hrsg.), Religionen, S.94 Ein beeindruckendes Beispiel ist auch das Leben der französischen Jüdin Simone Weil, die auf alle Privilegien verzichtete und sich mit den Arbeiterinnen in der Fabrik und den Menschen in der Résistance solidarisiert. In ihren Reflexionen aus dieser Zeit zeigt sie sich als eine, die im Mitleiden ihre Identität gewinnt. → D.Sölle, Leiden, S.186-193

5.3 RELIGION - ILLUSION ODER HALT?

ZIEL:

An der Darstellung S.Freuds zur 'Frage nach dem Zweck des menschlichen Lebens' verschiedene 'Wege zum Glück' kennen und die Ablehnung der Sinnfrage durch S.Freud als Ausdruck einer atheistischen bzw. positivistischen Grundhaltung verstehen lernen.

PROBLEMSKIZZE:

Bereits in den Teilen 1.2: 'Religion als Sinnantwort' und 1.3: 'Begriffe' wird deutlich, daß die Sinnfrage eine religiöse Fragestellung ist. Eine solche Frage muß also für jeden, der 'nur die Wissenschaft' im Sinn eines positivistischen Wirklichkeitsverständnisses gelten lassen möchte, zu einer sinnlosen Frage werden. Es ist kein Zufall, wenn - wie geschehen - ein Schüler sich vom Religionsunterricht aus Gewissensgründen abmeldete, weil er es ablehnte, 'als wissenschaftlich denkender Mensch' über Fragen nachzudenken, die keinen Realitätsbezug haben. Sein Standpunkt war: 'Warum ich lebe? Was für eine unsinnige Frage! Ich bin eben da und versuche das Beste daraus zu machen. Einen Sinn gibt es für mich nicht, höchstens einen Zweck; der ist erkennbar, nämlich ein möglichst gutes Abitur zu machen, es später möglichst weit zu bringen.'

Ein solcher Standpunkt ist für viele Schüler typisch, weil sich dahinter eine Geisteshaltung verbirgt, die auch in den Schulen ein hohes Ansehen genießt: die des wissenschaftsgläubigen Positivismus. S.Freud hat es in seiner Darstellung ganz im Sinn dieses Positivismus der Wiener Schule am Ende des 19. Jhs abgelehnt, über den Sinn irgendwelche Aussagen zu machen. Er weist diese Frage der Religion zu, hält aber auch diese für Illusion. Er beschränkt sich auf die Frage nach dem Zweck und erläutert diese anhand verschiedener typischer Antworten, die die Menschheit bisher auf diese Frage gegeben hat.

Gerade in Klassen, in denen eine wie oben beschriebene Grundeinstellung vorhanden ist, bietet es sich an, mit diesem Teil zu arbeiten. Er enthält eine ganze Reihe von Elementen, die mit den übrigen Teilen des Modells zu verknüpfen sind.

→ s.u.
→ 3.4 Vorschläge zur Planung, Vorschlag Nr. 3

Inhalt/Ergebnis	Medien/Verfahren	Didaktischer Kommentar
S.Freud: Sinnfrage als typisch religiöse Frage, die nur durch die Religion beantwortet werden kann. Reduktion auf die Frage nach dem Zweck, nach Glück, Lust und Unlust.	S.Freud: "Die Frage nach dem Zweck des menschlichen Lebens" Die Abhandlung S.Freuds dient als Raster verschiedener typischer Sinnantworten. Der Text kann durch Referate über einzelne Abschnitte oder durch eine grobe Übersicht mit einzelnen Textauszügen erschlossen werden. Dabei können - wie hier - einzelne Beispiele hervorgehoben, andere weggelassen werden.	Der Text von S.Freud ist nicht einfach. Aber bei entsprechendem methodischem Verfahren (→ links) ist er gut verstehbar. Die einzelnen Ansätze können schematisch in ihrer Bewertung durch S.Freud dargestellt werden. Dazu können die Ergebnisse der Klassendiskussion samt eigener Beispiele (etwa beim chemischen Glück) das Schema ergänzen. Es bietet sich an, einzelne "Wege zum Glück" intensiver zu betrachten, so z.B. das Thema "Lieben und Geliebtwerden" → 5.1
Wege zum Glück, z.B.: - Der Hedonismus: Die uneingeschränkte Bedürfnisbefriedigung gegen: Leichtsinn	Zum Hedonismus: E.Fromm, Haben, S.13 ff. ThF 13, S.33 ff; 1. Kor 15,22	Die Auswahl der Schwerpunkte sollte in jedem Fall gemeinsam mit den Schülern erarbeitet werden.
- Das chemische Glück: Die Flucht durch 'Sorgenbrecher' gegen: Schädlichkeit	Zum chemischen Glück: → 3.1 und 3.2	
- Die Sublimierung: Der Lustgewinn durch Arbeit gegen: Unbegabtheit vieler, körperliche Abnutzung und Tod	Zur Sublimierung → 2.3 M 10 ML 2	Weiteres Material zur Religionskritik S.Freuds z.B. in: R.Schütz, Religion Studienstufe
- Kommunismus: Glaube an die Befriedigung aller Bedürfnisse und Gleichheit aller gegen: Illusion	Zum Kommunismus → 2.5.2 ML 2	
- Lieben und Geliebtwerden: Glück durch Gefühlsbeziehungen gegen: "Niemals sind wir ungeschützter gegen das Leben als wenn wir Lieben..."	Zur Liebe: Hier eine kritische Auseinandersetzung mit Freud, da er mit seinem positiven Liebesbegriff einen wesentlichen Aspekt der christlichen Liebe mit einbezieht, sie aber gleichzeitig polemisch ablehnt. Hauptaspekt sollte dabei sein: Wie sieht die neutestamentliche Liebe Jesu aus, wie läßt sie sich heute verwirklichen? → 5.1 und 5.2 M 24 M 25	
- Religion: Glück durch Aufklärung der Rätsel dieser Welt gegen: Illusion, psychischer Infantilismus, Massenwahn und Unterwerfung		
Fazit: Kein Weg ist vollkommen. Glück ist abhängig von der individuellen Beschaffenheit bzw. individuellen Fähigkeiten. Das Leben ist ein Spiel der Auswahl und Anpassung. Religion ist "Spielverderber".		

6. BEISPIELE: SINNGLAUBE UND ENGAGEMENT IN EINER SCHEINBAR SINNLOSEN WELT

ZIEL: *Christliche Modelle einer Sinnantwort unter dem Stichwort 'Engagement für Andere' kennenlernen.*

Inhalt/Ergebnis	Medien/Verfahren	Didaktischer Kommentar
Ernst Ginsberg (1903-1964), Schauspieler, als Jude 1935 zum Katholizismus konvertiert. Eine unheilbare Lähmungskrankheit fesselt ihn zunächst an den Rollstuhl, führt dann zur Lähmung des Sprachvermögens und schließlich in 1 1/2 Jahren zum Tode. Aus dieser Zeit stammen seine Lebenserinnerungen: "Abschied". Für Ginsberg ist die Krankheit die Erfahrung letzter Sinnlosigkeit, durch nichts aufhebbar. Doch "im Blick auf das Kreuz Christi" erfährt er eine Geborgenheit, die ihn die Verborgenheit Gottes (des Sinns) durchhalten läßt. → 2. These 23	Beispiel: Sinnglaube und Theodizee Referat: Ernst Ginsberg M 28 Abschied	Als Alternative könnte hier auch das Beispiel von S.Weil genannt werden → 5.2 Das Beispiel Ernst Ginsbergs zeigt auch, welche Rolle das Theodizee-Problem für die Sinnfrage spielt. Es ist ein Beispiel für die Erfahrung der Sinnlosigkeit, die Gottverlassenheit, Glaube und Trost.
Jacques Lusseyran (1924-1971) erblindet im Alter von 8 Jahren. Wegen seiner Mitgliedschaft im französischen Widerstand im KZ; nach dem Kriege Professor. J. Lusseyran: "Mich hat diese Liebe zum Leben nie verlassen: Nicht im Leiden, nicht in den Schrecken des Krieges, nicht in den Gefängnissen der Nazis, im Glück so wenig wie im Unglück."	Beispiel für die Bewältigung von Leid, durch "inneren und äußeren Widerstand" J.Lusseyran J.Lusseyran, Das wiedergefundene Licht, Texte und Deutung in: D.Sölle, Leiden, S.112 ff.	

Inhalt/Ergebnis	Medien/Verfahren	Didaktischer Kommentar
Den hier genannten Menschen ist gemeinsam, daß sie gesicherte Verhältnisse (Beruf, soziale Stellung, finanzieller Rückhalt) aufgeben, sich für Menschen einsetzen, denen das Nötigste zum Leben fehlt und daraus für sich selbst ein lebenswertes Leben gewinnen.	Beispiele für christliches Engagement im sozialen Bereich	→ zu diesen Beispielen Teil 2.3 Andere, bekanntere und leichter zugängliche Beispiele: z.B. M.L. King, Kraft, S.213-234 Helder Camara Dietrich Bonhoeffer Albert Schweitzer, Film: Ehrfurcht G.Heipp, Leseheft
Mutter Teresa war mit ihrem Leben als albanische Nonne nicht zufrieden; sie gab alles auf und begann nach einer Ausbildung als Krankenschwester die mühselige Arbeit in Calcutta. An diesen ungewöhnlichen Beispielen kann verdeutlicht werden: Ich gewinne ein sinnvolles Leben nur, indem ich es nicht festhalte, sondern indem ich mich wage (Lk 9, 23 ff!). Indem ich gebraucht werde, wird mein Leben wertvoll.	Literatur zu Mutter Teresa Im Anschluß an ein solches Beispiel, das jeweils sicher Ungewöhnliches zeigt, wäre mit den Schülern zu überlegen, wie 'Loslassen' in ihrem Leben aussehen könnte, wo unter ihnen Menschen sind, die am Leben hängen, aber zum Überleben andere Menschen brauchen, z.B.: - Kontakte zu Altenheimen - Ferien mit Behinderten - Hilfe für Gastarbeiterkinder - soziales Jahr - Engagement an der Schule für Schüler - Hausaufgabenzirkel	Wenn irgend möglich, sollte der Lehrer mit den Schülern nicht nur darüber reden, sondern mit ihnen an Ort und Stelle Möglichkeiten suchen. → 2.4
Die Basisgemeinde Kornwestheim (bei Stuttgart) versucht im Rahmen einer Ev. Kirchengemeinde christliches Leben zum Teil in Wohngemeinschaftn zu verwirklichen. Mitglieder berichten in einer Sendung der Dienstagredaktion des Südd. Rundfunks in mehreren Gesprächen von ihren	Beispiele: neuer Lebensstil: die Verwirklichung einer Gemeinschaft, in der alle ohne Ansehen ihrer Leistung ein erfülltes Leben im Miteinander zu verwirklichen suchen: Basisgemeinde Kornwestheim Tonband	Weiteres Beispiel: Oekumenische Initiative "Eine Welt" Ziele: Übernahme von Selbstverpflichtungen, z.B. Eintreten für die Verbesserung der Situation von Benachteiligten, Hinwirken auf Veränderungen im entwicklungspolitischen und umweltpolitischen Bereich, Überprüfung des eigenen Konsums, Abga-

Inhalt/Ergebnis	Medien/Verfahren	Didaktischer Kommentar
Motiven, ihren Schwierigkeiten, ihren Erfolgen. Deutlich wird die positive Veränderung des Lebens durch die neuen Aufgaben, durch den Verzicht auf materielle Güter, durch das Gemeinschaftserlebnis.	Wichtig: das letzte Drittel: Gespräch mit S. und R. Ellwanger Taufbrief	be eines spürbaren Teils des Einkommens, Versuch, im Miteinander bessere Lebensmöglichkeiten zu entdekken und zu verwirklichen usw. Adresse: Oekumenische Initiative "Eine Welt", Postfach 1227, 3008 Garbsen 1, 'Informationen'
Der Film "Kommunitäten" zeigt an drei Beispielen (Taizé in Frankreich, Iona Community in Schottland und Shaloom-Gruppe in Holland) u.a., wie in Gemeinschaft sinnvolles, erfülltes Leben verwirklicht wird.	Film "Kommunitäten"	- → 2.4 M 12 - M 16 - → 2.5 ML 2, Camus - → 3.2 F: Der lautlose Protest

4. AVM-VERZEICHNIS

4.1 FILME

Arthur - Arthur	s/w, 27 min., Frankreich 1969, EMZ 1: F 276; Filmbeschreibung und didaktische Hinweise in: danken und dienen, s.u. Nr. 5.6
Das Leben wird schmaler	Farbe, 13 min., BRD 1974, EMZ 12: KF 141
David und Lisa	s/w, 93 min. (Spielfilm), Matthias-Film Stuttgart; Filmbeschreibung und didaktische Hinweise in: danken und dienen, s.u. Nr. 5.6
Der lautlose Protest	s/w, 45 min., Matthias-Film Stuttgart
Ego	Farbe, 11 min., Italien 1969, Trickfilm, EMZ 1: F 333; EMZ 12: KF 223; LBS 1: ST 1295
Ehrfurcht vor dem Leben	s/w, 16 min., BRD, Tonfilm, EMZ 1: F 13
Ein Leben in der Schachtel	Farbe, 7 min., Italien 1967, Trickfilm, EMZ 1: F 220; EMZ 12: KF 36
Endstation einer Familie	Farbe, 13 min., Matthias-Film Stuttgart, EMZ 1: F 427
Gott schätzt uns, wenn wir arbeiten, doch wenn wir tanzen liebt er uns	Farbe, 20 min., USA 1968, Tonfilm, EMZ 1: F 228
Kommunitäten	s/w, 30 min., BRD 1970, Tonfilm, EMZ 1: F 138; EMZ 12: KF 31
Nicht mehr versteckt	Farbe, 30 min., BRD 1972, Matthias-Film Stuttgart, EMZ 12: KF 131
Parabel	EMZ 1: F 107; EMZ 12: KF 23
Selbstmord	s/w, 45 min., BRD 1970, EMZ 1: F 404
Shit Teil I	s/w, 25 min., BRD 1971, EMZ 1: F 213
Stufen	s/w, 8 min., Polen 1968, Trickfilm, EMZ 1: F 159; EMZ 12: KF 13; LBS 1: ST 1275

4.2 TONBÄNDER

Basisgemeinde Kornwestheim	Sendung der Dienstagsredaktion des SDR vom 19.4.1977, 120 min., EMZ 12: D 90 a. Weitere Sendungen zur Dienstagsredaktion zum Thema ebd.
Bekenntnisse eines rauschgiftsüchtigen Mädchens	EMZ 12: D 114
W. Boder, Die Sinnfrage - Beiträge zum Ethikunterricht	Schulfunkreihe zum Ethik-Unterricht SDR/SR/SWF, Januar 1975, LBS 1

1. Braucht das Leben einen Sinn
2. Lust als Lebensprinzip
3. Die soziale Lebensform
4. Sinnlosigkeit als Lebenssinn
5. Das Paradies auf Erden - Prinzip Hoffnung
6. Jenseitsglaube und Diesseitsbewältigung

4.3 Schallplatten

Neil Diamond	Die Möwe Jonathan, Livingson Siagull, CBS 1973, Nr. 69047
Hans Dieter Hüsch	Ich sing für die Verrückten, in: ders.: Enthauptungen, 2 LP/Intercord Nr. 28 765-6
Hildegard Knef/ Charly Niessen	Ich möcht' mich gerne ..., in: ders.: Ich bin den weiten Weg gegangen, LP/Philipps Nr. 6306 106

4.4 Medienpakete

G. Jost (Hrsg.)	Fotosprache. Mappe mit Fotos und didaktischen Stichworten, Burckhardthaus/Christophorus 1974
W. Dietrich (Hrsg.)	Exemplarische Bilder. Mappe mit Bildern und didaktischem Kommentar. Burckhardthaus/Christophorus 1976
Probleme des Menschen Hp 1 Leben, aber wozu?	Jugendpastoralinstitut der Salesianer, D-8174 Benediktbeuern 126
Meditation - Weg zur Mitte	6 Farbdias, Texte, Musik, 12 min., Calig, München 1975, EMZ 1: TD 233
Das Heilige Mahl	Kassetten, Filme und Dias über das Abendmahl, Matthias-Film Stuttgart

4.5 Literatur

Rudolf Affemann	Krank an der Gesellschaft, Deutsche Verlangsanstalt, Stuttgart 1973, dtv 1076
J.G. Appy	→ H.J. Schultz
Richard Bach	Die Möwe Jonathan, Ullstein, Berlin 1972
Otto Betz	Sich loslassen und sich finden, in ru 3/1974
Heinrich Böll	Was halten Sie vom Christentum? in: M. Hartenstein, Lesebuch für den Religionsunterricht, H 9, Calwer, Stuttgart 1969
Dietrich Bonhoeffer	Ethik, Kaiser, München 1963
G. Brand	Die grundlegenden Texte von Ludwig Wittgenstein, Suhrkamp, Frankfurt 1975
Charlotte Bühler	Die Rolle der Werte in der Entwicklung der Persönlichkeit in der Psychotherapie, Stuttgart 1975
Dino Buzzati	Die neuen Freunde, in: Der Hund, der Gott gesehen hatte, Günter, Stuttgart
Albert Camus	Fragen der Zeit, rororo, Hamburg 1960
Albert Camus	Der Fremde, rororo, Hamburg 1961
Albert Camus	Der Mensch in der Revolte, rororo, Hamburg 1969
Albert Camus	Der Mythos von Sisyphos, rororo, Hamburg 1959
Erik H. Erikson	Identität und Lebenszyklus, Suhrkamp TB, Frankfurt 1973
Iring Fetscher	Von Marx zur Sowjetideologie, Diesterweg, Frankfurt 1975

Viktor Frankl — Der Mensch auf der Suche nach dem Sinn, Herder TB, Freiburg 1972

Sigmund Freud — Das Unbehagen in der Kultur, in: ders.: Abriß der Psychoanalyse, FiBü Nr.47 bzw. Nr.6043, Frankfurt

Max Frisch — Tagebuch 1966-1971, Suhrkamp, Frankfurt 1972

Hans Frör — Spiel und Wechselspiel, Kaiser, München 1975

Erich Fromm — Haben oder Sein, Deutsche Verlagsanstalt, Stuttgart 1976

Erich Fromm — Die Kunst des Liebens, Ullstein TB, Frankfurt 1956/1976

GEO — Ein Magazin vom Stern, Heft 1/1977: "Malaysia: Folter, die selig macht", S.52 ff.

Helmut Gollwitzer — Krummes Holz - aufrechter Gang, Kaiser, München 1970

Helmut Gollwitzer — Ich frage nach dem Sinn des Lebens, Kaiser-Traktate 11, Kaiser, München 1974

Helmut Gollwitzer — Die marxistische Religionskritik und der christliche Glaube, TBG Siebenstern 33, Hamburg-München 1967

Wolfgnag Hahner — Das kleine große Glück behinderter Kinder, Neukirchener Verlag, Neukirchen-Vluyn 1976

Wolfgang Harbauer — Selbstmord bei Kindern, in: Deutsches Ärzteblatt, Heft 8, 22.2.1973, S.491 ff.

Günther Heipp — Der Arzt von Lambarene, Verlag Sebastian Lux, Kleine Bibliothek des Wissens, Lux-Lesebogen 225, Murnau-München 1968

Aldous Huxley — Schöne neue Welt, Fischer TB, Frankfurt 1953

Gerd-Klaus Kaltenbrunner — Die Frage nach dem Sinn des Lebens im zeitgenössischen Marxismus, Beilage zur Wochenzeitung Das Parlament vom 11.3.1972, B 11/72 bei: Bundeszentrale für politische Bildung Bonn

Siegfried Keil (Hrsg.) — Familien- und Lebensberatung. Ein Handbuch, Kreuz, Stuttgart 1975

Gerhard Kiefel — Hoffnung für heute und morgen, Kath. Bibelwerk, Gladbeck-Stuttgart

Martin Luther King — Kraft zum Lieben, Christliche Verlangsanstalt, Konstanz 1974

Ernst Klee — Behindertenreport, Fischer TB, Frankfurt 1974

Ernst Klee — Behindertsein ist schön, Topos TB 25, Düsseldorf 1974

H. Krömler (Hrsg.) — Horizonte des Lebens, zur Frage nach dem Sinn des Lebens, Benziger/Vandenhoeck, Zürich 1976

Ronald D. Lang — Phänomenologie der Erfahrung, Edition Suhrkamp TB 314, Frankfurt 1975

Morwan Lebesque — Albert Camus, Rohwohlt TB, Hamburg 1960

Fritz Leist — Gesundheit und Krankheit der Seele, Herder TB, Freiburg 1969

Wolfgang Leonhard — Die Revolution entläßt ihre Kinder, Kiepenheuer und Witsch, Köln-Berlin 1955

Jan M. Lochman — Marx begegnen. Was Christen und Marxisten eint und trennt, Gütersloher Verlagshaus GTB, Gütersloh 1975

Jacques Lusseyran	Das wiedergefundene Licht, TBG, Gütersloh 1975
Anton S. Makarenko	Ein pädagogisches Poem "Der Weg ins Leben", Ullstein TB 2871, Berlin 1971
Wolf-Dieter Marsch	Philosophie im Schatten Gottes, GTB, Gütersloh 1973
Kurt Marti	Leichenreden, Luchterhand TB, Darmstadt-Neuwied 1976
David McAuley	Sie bauten eine Kathedrale, Artemis, Zürich-München 1974, TB dtv
Jürgen Moltmann	Mensch, Reihe: Themen der Theologie, Kreuz, Stuttgart 1971
Wolfgang Müller-Lauter	Der Nihilismus, Privatnachschrift einer Vorlesung an der Kirchlichen Hochschule Berlin im Sommersemester 1963
Rolf Oerter	Moderne Entwicklungspsychologie, 14.Aufl., L.Auer, Donauwörth 1974
Dietrich von Oppen	Die Situation der Jugend in der modernen Gesellschaft, in: Kirche und Jugend, Lutherisches Verlagshaus, Hamburg 1967
Martin Rang	Der Christusglaube, Vandenhoeck, Göttingen 1973
Fritz Riemann	Grundformen der Angst, E.Reinhardt, München 1975
Rainer-Maria Rilke	Das Stundenbuch, Insel TB, Frankfurt
Ernst Ringel	Suicid, in: Handbuch → S. Keil
Heinrich Roth	Pädagogische Anthropologie, Band 1, Schrödel, Hannover 1966
Hans Samson/Laura Rous	Und es ward Abend und Morgen..., Christophorus, Freiburg
Thomas Sartory	Zusammenleben lernen, TB Herder, Freiburg 1975
Hans Jürgen Schultz (Hrsg.)	Psychologie für Nichtpsychologen, Kreuz, Stuttgart 1974
Dorothe Sölle	Die Hinreise, Kreuz, Stuttgart 1975
Dorothe Sölle	Leiden, Themen der Theologie, Kreuz, Stuttgart 1973
R.A. Spitz	→ H.J. Schultz
Klaus Thomas	Menschen vor dem Abgrund, Chr. Wegner, Hamburg 1970, Herder TB
Paul Tillich	Der Mut zum Sein, Reihe Stundenbücher Furche, Hamburg 1965
Paul Tillich	Die verlorene Dimension, ebd., Hamburg 1962
W. Trutwin (Hrsg.)	Religion Sekundarstufe II, Patmos, Düsseldorf 1974
Günter Wallraff	Industriereportagen, Rohwohlt TB, Hamburg 1970 → MRU 5, S.7 f.
R. Welz	Selbstmord. Die totale psychische und soziale Desintegration. Psychologie Heute, Beltz, Weinheim, November 1974
Gerhard Winkhaus	s.u. Materialien: "informationen"
Heinz Zahrnt	Gott kann nicht sterben, Piper, München 1970, TB dtv
Heinz Zahrnt	Wozu ist das Christentum gut? Piper, München 1972, TB dtv

4.6 Materialien, Textsammlungen und Unterrichtsmodelle

Arbeitstexte	Hrsg. Ev. Zentralstelle für Weltanschauungsfragen, Hölderlinplatz 2a, 7000 Stuttgart Klaus Reblin, Marxistische Revolutionstheorien, Arbeitstexte Nr. 6
Arbeitshilfe Brot für die Welt Nr. 4/1977	hrsg. Diakonisches Werk der EKD, Stafflenberg 76, 7000 Stuttgart
Bethel heute	Magazin, hrsg. Bodelschwinghsche Anstalten, Postfach 45, 4813 Bethel
Der Bürger im Staat	hrsg. Landeszentrale für politische Bildung, Baden-Württemberg, Eugensplatz 5, 7000 Stuttgart 1 Themaheft: Randgruppen in der Bundesrepublik, Juni 1973
danken und dienen	Arbeitshilfe, hrsg. Diakonisches Werk der EKD, Stafflenberg 76, 7000 Stuttgart Jahreshefte 1976 und 1977
entwurf	hrsg. Fachgemeinschaft Religionslehrer in Württemberg. Fachverband ev. Religionslehrer in Baden e.V., Hasensteige 31, 7000 Stuttgart 1 (PTZ)
Impulse	hrsg. Ev.Zentralstelle für Weltanschauungsfragen, Hölderlinplatz 2a, 7000 Stuttgart Hans Ruthenberg: Ist wirtschaftliche Entwicklung sinnvoll? Impulse Nr.8 Oktober 1973
Information	hrsg. Ev.Zentralstelle für Weltanschauungsfragen, Hölderlinplatz 2a, 7000 Stuttgart Helmut Aichelin: Das Wiedererwachen des Mythos - Was ist neu an der "Neuen Religiosität"? Nr.56, September 1974
information zum religionsunterricht	hrsg. Pädagogisch-theologisches Institut Kassel, Teichstr.19, 3500 Kassel bzw. Schrödel Vlg.,Hannover G. Winkhaus: Was ist der Mensch? - Zur Frage nach dem Sinn des Lebens, Sek II, Informationen 2,3/1972
MRU - Modelle für den Religionsunterricht	Nr.1 G.Martin, Aus Mitleid töten, Calwer/Kösel, Stuttgart/München 1972 Nr.5 H.Greiling u.a., Rechtfertigung und Leistung, ebd. 1974 Nr.6 V.Göhrum, E.Röhm, Zur Strafe, ebd.1975
Quellentexte	Nr.3 W.Tebbe (Hrsg.), Außerchristliche Religionen der Gegenwart, Vandenhoeck, Göttingen 1972 Nr.4 G.Isermann (Hrsg.), Konfessionen des Marxismus, ebd. 1976
Religion Studienstufe	Nr.5 R.Schütz, Religion - eine Illusion? Zur Psychoanalyse Sigmund Freuds, Calwer, Stuttgart 1971
ru - Zeitschrift für die Praxis des Religionsunterrichts	Heft 3, Vertrauen und Glauben, Calwer/Kösel 1974
Theologisches Forum	Heft 13: Glück und Heil, Patmos, Düsseldorf 1972 Heft 14: Neues Bewußtsein, neue Religiosität, ebd. 1973
Unterrichtsmodelle - Fach Religion	Heft 8: Auf der Suche nach dem Glück, von Hugo Blessenohl und Karl-Dieter Müller, München/Kassel 1973

5. ERGÄNZUNGSMEDIEN

ERLÄUTERUNG: ML = Medien im Lehrerheft im Gegensatz zu den Medien im Materialheft (Abkürzung: M)

BEGRIFFSKLÄRUNG: ML 1

SINN - ZWECK - NUTZEN - ZIEL

1. Wie würdest du die Begriffe 'Sinn' - 'Zweck' - 'Nutzen' - 'Ziel' mit den verschiedenen Zeichnungen in Verbindung bringen?

2. Versucht anschließend diese Begriffe zu definieren!

Die vierte Einsatzabteilung

Ende Juli arbeitete die vierte Einsatzabteilung unter Buruns Leitung mit fünfzig Mann. Burun war der anerkannte Kommandeur, und niemand erhob Anspruch auf dieses schwierige, aber ehrenvolle Amt.

Die vierte Einsatzabteilung arbeitete von Sonnenaufgang bis Sonnenuntergang. Bei den Jungen hieß es oft, sie arbeite "ohne Signal", weil für die Vierte weder zum Arbeitsbeginn noch zum Arbeitsschluß ein Signal gegeben wurde. Jetzt arbeitete sie an der Dreschmaschine.

Um vier Uhr morgens, nach dem Wecken und dem Frühstück, stellt sich die Vierte vor den Blumenbeeten, gegenüber dem Haupteingang des Weißen Hauses auf...

Schnell verteilt Burun die Arbeit, denn schon gestern abend hat er alles berechnet und bestimmt...

Gegen Mittag ist man mit dem Weizen ziemlich fertig. Die obere Plattform der Dreschmaschine ist der am meisten bevölkerte und lustigste Ort. Hier arbeiten die Mädchen mit blitzenden Augen, über und über mit goldgrauem Weizenstaub bedeckt. Von den Jungen ist nur Lapotj oben. Unermüdlich arbeitet er, gönnt weder seinen Händen noch seiner Zunge Ruhe. An der verantwortlichen Stelle ist Silantijs Glatze und sein mit Weizenstaub bedeckter, mißratener Schnurrbart zu sehen.

Lapotj hänselt Oksana: "Da haben Ihnen die Jungens was aufgebunden: Weizen. Ist denn das Weizen? Das sind doch Erbsen."

Oksana nimmt eine noch nicht aufgebundene Garbe und stülpt sie Lapotj auf den Kopf, was das allgemeine Vergnügen durchaus nicht verringert.

Ich liebe den Drusch des Getreides. Besonders schön ist es am Abend. Das einförmige Klopfen der Maschine klingt wie Musik; das Ohr hat schon an dem eigentümlichen Motiv Gefallen gefunden, das endlos variiert, jeden Augenblick neu ist und doch dem vorangegangenen gleicht. Und diese Musik ist eine wundervolle Untermalung für die mannigfaltigen, bereits müden, aber nach wie vor rastlosen Bewegungen; wie durch ein Zauberwort heben sich von dem schon ziemlich niedrigen Schober ganze Reihen von Garben, kommen auf ihrem Todesweg in kurze zärtliche Berührung mit den Händen der Kolonisten, stürzen plötzlich in den gierigen unersättlichen Schlund der Maschine und hinterlassen einen pfeifenden Wirbel zertrümmerter Teilchen, herumfliegender, vom lebendigen Körper losgerissener Körner. Und im Wirbel, im Lärm, im Todesgedränge vieler, vieler Garben, schwankend vor Müdigkeit und Erregung, die Müdigkeit verlachend, mit Staub bedeckt und schon beschattet von der Kühle des stillen Abends, laufen die Kolonisten, tragen schwere Lasten, bücken sich, lachen und machen Unsinn. In dieser Symphonie fügen sie dem monotonen Rhythmus der Maschinen, den schrillen Dissonanzen der oberen Plattform die triumphierende, bis ins Innerste optimistische Musik freudiger menschlicher Müdigkeit hinzu. Schon ist es schwer, Einzelheiten zu unterscheiden, es ist schwer, sich loszureißen vom Anblick dieser packenden, elementaren Kraft. Man erkennt kaum noch die Kolonisten in den goldgrauen Gestalten, die aussehen, als kämen sie aus einem photographischen Negativ. Ob rothaarig, blond oder dunkel - einer sieht aus wie der andere.

Um neun Uhr läßt Schere die Maschine anhalten und tritt zu Burun: "Die Jungens fallen ja fast um, aber wir haben wenigstens noch eine halbe Stunde zu tun."

"Macht nichts", sagt Burun. "Das schaffen wir auch noch." Lapotj brüllt von oben: "Genossen von der Gorki-Kolonie! Die Arbeit dauert noch eine halbe Stunde. Aber ich fürchte, daß wir nach dieser halben Stunde tot umfallen werden. Damit bin ich nicht einverstanden."

Burun wird aufmerksam: "Ja,was willst du denn?" "Ich protestiere! In einer halben Stunde strecken wir alle viere von uns. Nicht wahr, Galatenko?" "Natürlich, das stimmt, eine halbe Stunde ist zuviel."

Lapotj hebt die Faust. "Eine halbe Stunde dauert's auch nicht. Wir müssen mit dem Häufchen da in einer Viertelstunde fertig werden, nicht in einer halben."

"Richtig" brüllt auch Galatenko.

"Unter einer Lachsalve läßt Schere die Maschine wieder anlaufen, und nach zwanzig Minuten ist die Arbeit getan.

Wir gehen zum Weißen Haus.

Vor dem Weißen Haus geht es laut zu. So müde die Kolonisten auch sind, sie haben doch ein Bad im Fluß bekommen, und nach dem Bad ist die Müdigkeit vergangen. Im Garten ist man an den Tischen vergnügt und gesprächig; Marija Kondratjewna möchte aus verschiedenen Gründen weinen: vor Müdigkeit, aus Liebe zu den Kolonisten und weil auch in ihrem Leben das wahre Gesetz der Menschheit wiedererstanden ist, weil auch sie die Schönheit der Arbeit in einem freien Kollektiv kennengelernt hat.

"War Ihre Arbeit leicht?" fragt Burun sie.

"Ich weiß nicht", sagt Marija Kondratjewna. "Wahrscheinlich war sie doch schwer. Aber darum geht es nicht. So eine Arbeit macht immer glücklich."

A.S. Makarenko, Ein pädagogisches Poem, Ullstein Nr. 2871, Berlin 1971, S.339 ff. (Ausschnitte)

Ein Lied aus der DDR

Wir bauen einen schönen Garten,
so schön wie keiner jemals war,
mit Früchten, die für alle reifen;
und jeder darf getrost nach Blumen greifen,
denn Frucht und Blumen bringt er allen dar.

Und Kommunismus wird der Garten heißen.
Kein Kampf ist mehr. Und Brot und Wein.
Die Arbeit wird als Lohn man preisen.
Die Kunst wird uns zum guten Denken weisen.
Und Haß und Mißgunst werden nicht mehr sein.

Die ersten Früchte sind zu sehen;
und manche Knospe drängt ans Licht,
doch Kämpfe sind noch zu bestehen.
Oft muß der Pflug noch durch den Boden gehen,
denn ohne Mühe wird der Garten nicht.

W.D. Zimmermann, Die Welt soll unser Himmel sein, Kreuz-Verlag, Stuttgart 1963, S.11

Parabel

Am Ende seiner kurzen Ansprache nahm er eine Streichholzschachtel heraus: "Vielleicht", sagte er, "kann ich die Gedanken und Gefühle, die ich jetzt habe, leichter durch ein Beispiel erklären." Dabei hatte er schon ein Streichholz herausgenommen und es angezündet. In wenigen Sekunden war das Streichholz verbrannt, und nur ein wenig Asche war übriggeblieben.

Michailow schaute uns freundlich, ein wenig nachdenklich an. "Ist das nicht wie das Leben eines gewöhnlichen Menschen? Es brennt erst klein, dann wird es größer, und schließlich verbrennt es. Ein bißchen wertlose Asche bleibt übrig. Ein Mensch lebt, arbeitet, gründet eine Familie, bringt Kinder zur Welt, stirbt, wird betrauert, im besten Fall von seinen Familienangehörigen und einigen wenigen Bekannten. Ein nutzloses, überflüssiges Leben.

Wenn wir dagegen unser Leben betrachten - ein Leben voller Erlebnisse, Gefahren, Reisen, Gefängnisse, verantwortlichen Funktionen, inmitten der Riesenfamilie, die wir Partei nennen, mit einem klaren festen Ziel als Baustein für eine neue Welt, im Tod betrauert von der großen Zahl der Genossen - ist das nicht etwas ganz, ganz anderes als das wertlose Streichholz?"

Wir alle waren ergriffen.

W. Leonhard, Die Revolution entläßt ihre Kinder, Kiepenheuer und Witsch, Köln/Berlin 1955, S.237

Die Aufhebung der Entfremdung

Gesetzt, wir hätten als Menschen produziert: Jeder von uns hätte in seiner Produktion sich selbst und den andren doppelt bejaht. Ich hätte 1. in meiner Produktion meine Individualität, ihre Eigentümlichkeit vergegenständlicht ... 2. In deinem Genuß oder deinem Gebrauch meines Produkts hätte ich unmittelbar den Genuß, sowohl des Bewußtseins, in meiner Arbeit ein menschliches Bedürfnis befriedigt, als das menschliche Wesen vergegenständlicht und daher dem Bedürfnis eines andren menschlichen Wesens seinen entsprechenden Gegenstand verschafft zu haben, 3. für dich der Mittler zwischen dir und der Gattung gewesen zu sein, also von dir selbst als eine Ergänzung deines eignen Wesens und als ein notwendiger Teil deiner selbst gewußt und empfunden zu werden, also sowohl in deinem Denken wie in deiner Liebe mich bestätigt zu wissen, 4. ... in meiner individuellen Tätigkeit unmittelbar mein wahres Wesen, mein menschliches, mein Gemeinwissen bestätigt und verwirklicht zu haben. ...

Meine freie Arbeit wäre freie Lebensäußerung, daher Genuß des Lebens. Unter der Voraussetzung des Privateigentums ist sie Lebensentäußerung, denn ich arbeite, um zu leben, um mir ein Mittel des Lebens zu verschaffen. Meine Arbeit ist (d.h. unter der Voraussetzung des Privateigentums) nicht Leben.

Zweitens: ... Unter der Voraussetzung des Privateigentums ist meine Individualität bis zu dem Punkte entäußert, daß diese Tätigkeit mir verhaßt, eine Qual und vielmehr nur der Schein einer Tätigkeit, darum auch eine nur erzwungene Tätigkeit und nur durch eine äußerliche zufällige Not, nicht durch eine innere notwendige Not mir auferlegt ist.

K. Marx, MEGA, Erste Abteilung, Bd.3, S.547; Marx-Engels, Studienausgabe, Bd.II, S.261 f.

GEBORGENHEIT UND GLÜCK

Wenn man der unbestrittene Liebling der Mutter gewesen ist, so behält man fürs Leben jenes Eroberungsgefühl, jene Zuversicht des Erfolgs, welche nicht selten den Erfolg nach sich zieht.

Diese These Siegmund Freuds wird durch die folgenden Ausführungen des Psychiaters J.G. Appy erläutert. Motto: Am Anfang war das Glück...

»Denn so wie die Mutter vor der Geburt die ungeteilte körperliche Einheit mit ihrem Kinde fühlte, so erlebt das Kind nach seiner Geburt die ungeteilte seelische Einheit mit ihr weiter. Alles Gute, Lustvolle und Sicherheitgebende verwirklicht sich in der Befriedigung eigener Bedürfnisse, die zugleich die Bedürfnisse des anderen stillt; während alles Böse, Unlustvolle und Angstzeugende ausgeschlossen bleibt. Es ist die innige Verschränkung zweier voneinander abhängiger Partner, die für die Aufrechterhaltung eines gemeinsamen harmonischen Gefühlsstroms sorgt und vor störenden Reizüberflutungen bewahrt...

Im Vollgefühl dieser Macht erlebt sich das Kind zu allem fähig, weil es die Mutter als Geschöpf seiner selbst begreift und erschafft; wodurch es erste Sicherheit, ein "Urvertrauen" (Erikson) oder, psychologisch ausgedrückt, primäre Identität gewinnt, aus der heraus es den Mut für spätere Abenteuer mitbekommt. "Wenn man der unbestrittene Liebling der Mutter gewesen ist", sagt Freud, "so behält man fürs Leben jenes Eroberergefühl, jene Zuversicht des Erfolges, welche nicht selten wirklich den Erfolg nach sich zieht." Auch wo Glück als Erlebnisqualität das Einssein von Mutter und Kind durchdringt, wird es in Wahrheit von der Mutter eingebracht, da nur sie, unserer Definition entsprechend, diejenige sein kann, die in der gegenwärtigen Beziehung zu ihrem Kind eine vergangene und unbewußte Beziehung zur eigenen Mutter wiederzufinden vermag. Aber die Empfindung: "Ich bin glücklich, so wie du glücklich bist", entfaltet sich innerhalb dieser allseits geschlossenen Einheit für beide und sperrt "Unglück" aus. Man könnte daher von einem "sozialen Glückszustand" (Mitscherlich) sprechen, in welchem der Mensch am Beginn seines Lebens Glück erfährt, ohne etwas dafür tun zu müssen.« (J.G. Appy, in: H.J. Schultz, Psychologie für Nichtpsychologen, S.148f.)

<u>Fragen:</u>

1. Welche Bedeutung hat die frühkindliche Beziehung für den weiteren Lebensweg des Kindes?
2. Worin besteht hier "Glück"?
3. Was versteht man unter "primärer Identität"?

Um diese Aussagen belegen zu können, wurden viele medizinische und psychologische Untersuchungen durchgeführt. Besonders der bekannte Psychoanalytiker René A. Spitz ist diesen Fragen intensiv nachgegangen. Er berichtet:

»Es gelang mir vor etwa 35 Jahren mit meinen Mitarbeitern, eine der ersten systematischen Vergleichsbeobachtungen in zwei Kinderheimen mit vier Beobachtungsstunden pro Woche und Kind über einen Zeitraum von ungefähr fünf Jahren durchzuführen. Der Vergleich war erschütternd.

Anstalt Eins war eine Strafanstalt, in der straffällige Mütter ihre unehelich geborenen Kinder in der Kinderabteilung persönlich pflegten, fütterten und betreuten. Da die Mütter Häftlinge waren, konnten sie sich den ganzen Tag mit ihren Kindern beschäftigen. Ich beobachtete dort 360 Mütter mit ihren Kindern. Krankheiten waren selten, meist leichte Erkrankungen der Atmungsorgane, und unter den 360 Kindern, die ich fünf Jahre hindurch zu sehen bekam, ergaben sich insgesamt zwei Todesfälle. Ihre Entwicklung war durchaus normal, es waren lebhafte, aktive, gesunde, intelligente Kinder.

Anstalt Zwei beherbergte nur 92 Kinder, die während vier Jahren dort von mir beobachtet wurden. Doch im Gegensatz zu der ungewöhnlich geringen Anzahl von Todesfällen in Anstalt Eins starben in Anstalt Zwei im Laufe der ersten zwei Jahre unserer Beobachtungen bereits 34 der 92 Kinder. Eine horrende Zahl. Worin bestand der Unterschied? Woran starb mehr als ein Drittel dieser Kinder?«

R.A. Spitz gibt auf diese Fragen folgende Antwort:

»Nicht an der Verpflegung; in beiden Anstalten war sie gleich ausgezeichnet, sowohl die Qualität wie die Quantität und den Abwechslungsreichtum betreffend. Nicht an der Unterbringung; denn in beiden Anstalten waren die Kinder in schönen, sonnigen Räumen untergebracht. Beide Heime lagen in parkartigen Gärten.

Der Unterschied bestand in den Gegenseitigkeitsbeziehungen, die den Kindern zuteil wurden. In Anstalt Eins fast übertrieben reiche Beziehungen mit den Häftlingsmüttern. In Anstalt Zwei arbeiteten zehn Kinderschwestern für 92 Kinder, daher konnte jedem Kind nur ein Zehntel einer Mutter, ein Zehntel der normalen Gegenseitigkeitsbeziehungen, ein Zehntel mütterlicher Fürsorge geboten werden. Die überforderten Kinderschwestern mußten den Kindern die Milchflasche in den Mund stecken und dann gleich weiterlaufen. Die Kinder wurden gebadet, hygienisch und rein gehalten und regelmäßig täglich von einem Arzt besucht. Aber das war auch alles. Die Gegenseitigkeitsbeziehungen, und zwar sowohl positive liebevolle wie auch negative, aggressive, waren völlig ausgeschlossen. Ich betone dabei eigens die aggressiven Beziehungen, da sie nach meinen Forschungen für die normale Entwicklung des Säuglings ebenso wichtig sind wie die positiven. Die negativen Beziehungen, die Frustration, die Versagung ist für eine Normalentwicklung des Kindes eine absolute Notwendigkeit. Und die Kinder in Anstalt Zwei hatten weder das eine noch das andere - sie waren sozusagen in sterilisierter Einzelhaft.

Die Kinder in Anstalt Zwei blieben in ihrer Entwicklung zurück, verfielen langsam, hatten keine Widerstandskraft gegen irgendwelche Infektionskrankheiten. Als wir sie zuletzt im Alter von etwa 4 - 4 1/2 Jahren untersuchten, waren noch 22 Kinder im Heim. 34 waren - wie gesagt - gestorben, die anderen adoptiert worden. Von den 22 verbliebenen Kindern konnte ein einziges in Sätzen sprechen, acht konnten ein bis zwei Worte sagen. Die andern waren stumm. Fünf von ihnen konnten selbständig gehen, acht konnten sich an den Möbeln weiterhanteln, die übrigen blieben im Bettchen, und nur einige konnten sich aufsetzen.« (René A. Spitz, in: H.J. Schultz, a.a.O. S.85f.)

<u>Fragen:</u>

1. Wovon sind nach R.A. Spitz körperliches Wohlbefinden, Selbstbewußtsein und das Gefühl von Glück abhängig?
2. Welche Bedeutung können die Erkenntnisse von R.A. Spitz für die Situation eines Heranwachsenden haben?

Aufgrund seiner Untersuchungsergebnisse kommt R.A. Spitz zu folgenden Schlüssen:

»Es ist dafür zu sorgen, daß jedem Kind die ihm zustehenden naturgegebenen Gegenseitigkeitsbeziehungen zur Mutter und zu anderen Menschen zur Verfügung stehen. Nur dieser Austausch an Beziehungen ermöglicht es dem Kind, seine Menschlichkeit, seinen Charakter, seine Persönlichkeit zu entwickeln.

Jene Kinder, denen diese Beziehungen versagt bleiben, entwickeln sich, so sie am Leben bleiben, zu seelisch schwer geschädigten, delinquenten, asozialen Individuen. Um diese schweren Fehlentwicklungen zu vermeiden, muß jedes Kind die ihm unentbehrlichen Gegenseitigkeitsbeziehungen positiver und negativer Art, Liebe wie Frustration, erleben, wollen wir sie als gesunde Mitglieder der Gesellschaft aufziehen. Werden ihnen diese Beziehungen, wird ihnen dieser Austausch vorenthalten, so erziehen wir sie zu Verbrechen und Gewalttaten.

Ich kann es nicht besser ausdrücken, als ich es einmal zum Abschluß eines meiner Bücher gesagt habe: "In der Kindheit wurden sie um die Liebe betrogen - wenn sie erwachsen, bleibt ihnen nur der Haß."« (S.87f.)

Grundlegende Aufgabe der Erziehung ist es, ein Übergewicht von Urvertrauen gegenüber dem auch vorhandenen Ur-Mißtrauen zu schaffen.

Urvertrauen resultiert aus dem Vertrauensgefühl, das aus der verläßlichen und intensiven Zuwendung der Mutter zum Kind sich entwickelt. Das Kind erfährt durch die Liebe seiner Mutter, daß es für jemanden etwas wert ist, daß es leben darf. Von nun an weiß der Mensch, was Sinn ist, er weiß, daß Sinn dann vorhanden ist, wenn er in einer Beziehung zu einem anderen steht, der ihn bejaht, ihn liebt: Jemand ist da, ohne den ich nicht leben kann.

Darüber hinaus vermitteln die Eltern in dieser Vertrauensbeziehung die tiefe Überzeugung, daß das, was sie tun, einen Sinn hat. Das stellt eine wichtige Voraussetzung für den Glauben dar, daß auch das eigene Leben sinnvoll ist.

Mit dem Urvertrauen entwickelt sich auch ein Grundgefühl von Identität, d.h. von einem Bewußtsein seiner selbst, seiner eigenen Vertrauenswürdigkeit, das Gefühl in Ordnung zu sein, in den eigenen Augen wie in den Augen anderer.

Sinnkrise als Krise im Identitätsgefühl

Die Reifungsprozesse im Leben eines Kindes "brechen die ausgewogene Harmonie des anfänglichen sozialen Glückszustandes allmählich auf. Vor allem schafft das stetige Wachstum der kindlichen Bedürfnisse einen Reifungsdruck, der durch unvermeidbare Enttäuschungen verstärkt wird" (Appy), z.B. durch das entsprechende Erziehungsverhalten der Mutter. Was bleibt, ist die Erinnerung an die beglückende Zeit mit der Mutter, die dauernde Erinnerung an das, was Glück ist, was Sinn ist. Das bleibt als Grundgefühl in allen weiteren Krisen Gewißheit.

So gerät der junge Mensch auch in die Krise der Pubertät: "... in der Pubertät werden alle Identifizierungen und alle Sicherungen, auf die man sich früher verlassen konnte, erneut in Frage gestellt, und zwar wegen des raschen Körperwachstums, das sich nur mit dem in der frühen Kindheit vergleichen läßt und dem sich jetzt die gänzlich neue Eigenschaft der physischen Geschlechtsreife zugesellt. Der wachsende und sich entwickelnde Jugendliche ist nun, angesichts der physichen Revolution in ihm, in erster Linie damit beschäftigt, seine soziale Rolle zu festigen. Er ist in manchmal krankhafter, oft absonderlicher Weise darauf konzentriert herauszufinden, wie er, im Vergleich zu seinem eigenen Selbstgefühl, in den Augen anderer erscheint und wie er seine früher aufgebauten Rollen und Fertigkeiten mit den gerade modernen Idealen und Leitbildern verknüpfen kann. Manche Jugendliche müssen in ihrer Suche nach einem neuen Gefühl von Dauer und Identität die Kämpfe früherer Jahre noch einmal durchfechten..." *(E.H. Erikson, Identität, S.106)*

So gerät der Jugendliche auch vor die radikale Frage nach dem Sinn seines Lebens: "Ich kann es einfach nicht zu fassen kriegen, Mutter, ich kann das Leben nirgends festhalten" (A.J. Miller, nach Erikson). Am Ende dieser Krise muß die Überzeugung stehen, daß "man auf eine erreichbare Zukunft zuschreitet, daß man sich zu einer bestimmten Persönlichkeit innerhalb einer nun mehr verstandenen sozialen Wirklichkeit entwickelt. Das wachsende Kind muß aus jedem Schritt ein belebendes Realitätsgefühl gewinnen, indem es sieht, daß sein individueller Weg der Bewältigung von Erfahrungen eine erfolgreiche Variante der Wege ist, auf denen andere Leute um es herum Erfahrungen bewältigen und die Tatsache, daß man es tut, anerkennen."*(Ebd.,S.110,107)*

Zur Erreichung dieses neuen Selbstgefühls (= Identität) und damit auch zur Erreichung einer neuen Sinngebung kann der Jugendliche zurückgreifen auf jene Grunderfahrung seiner ersten Lebensjahre: Urvertrauen, Glück, Sinn. Diese geben ihm die nötige Sicherheit, um sich mit der Umwelt, den angebotenen Antworten auseinanderzusetzen und die ihm gemäße Rolle zu finden.

Fragen:

1. Worin besteht der Zusammenhang zwischen Identitäts- und Sinnkrise?
2. Welche Rolle kann hier die Grunderfahrung der ersten Lebensjahre spielen?
3. Wie könnte eine befriedigende Lösung dieser Krise aussehen? Welche Schritte sind dazu nötig?

→ M 17

→ M 19

A: Referate:

Literatur:

H.J. Schultz, Psychologie, S.144 ff.

H. Zahrnt, Wozu, S.188 ff.

E.H. Erikson, Identität, S.62 ff.; S.106 ff.; S.142 ff.

MRU 6, Lehrerheft, S.17 ff.

Fallbeispiele:

H.J. Schultz, Psychologie, S.79 ff.

MRU 6, Schüler- und Lehrerheft

F.Riemann, Angst

SUCHT UND SOZIALISATION

Bei Mechthild ist besonders deutlich das Zusammenfließen verschiedener Entwicklungslinien zu beobachten, die sich nicht in allen Einzelheiten rekonstruieren lassen, aber dennoch einen guten Eindruck von der Kompliziertheit dessen vermitteln, was später Sucht genannt wird.

Als Mechthild zum ersten Mal in die Beratung kam, trug sie, wie auch später meistens, ein schwarzes, mediterran anmutendes Kleid und hatte einen traurigen Gesichtsausdruck. Ich schätzte sie auf Mitte zwanzig - sie war Anfang zwanzig -, und vom Äußeren deutete nichts darauf hin, daß sie zur Drogenszene gehörte, so daß ich verblüfft war, von ihr zu vernehmen, daß sie entziehen wolle. Ihren Schilderungen war zu entnehmen, daß sie in der letzten Zeit sehr vereinsamt gelebt hatte. Von ihrem Mann hatte sie sich getrennt. Ihre Mutter lebte in Sardinien. Ein etwas älterer Bruder studierte in Lübeck. Der Vater war früh verstorben (s.u.). Sie arbeitete als biologische Assistentin in einem Forschungslabor und mußte dort eine ausgezeichnete Kraft sein, denn auch ein längerer unbezahlter Urlaub führte nicht zu einer Entlassung. Ihren eigenen Darstellungen nach schien sie dagegen eher eine schlechte, wenig arbeitsfreudige und unkonzentrierte Angestellte zu sein, die sich wunderte, von ihrem Chef noch nicht hinausgeworfen worden zu sein. Sie lebte allein in einem Appartement, hatte ein Auto und fuhr von Zeit zu Zeit nach Darmstadt, um dort Morphium zu kaufen. Das intravenöse Injizieren nannte sie meistens "schießen", seltener "drücken", und die Droge wurde immer als "junk" bezeichnet.

An manchen Wochenenden fuhr sie in den Spessart zum Grabe eines vor einigen Monaten an einer Opiatüberdosis verstorbenen Freundes. Dort konnte sie sich stundenlang aufhalten, und mit ihm fühlte sie sich auch jetzt noch verbunden. Sosehr sie sich in der Vorstellung mit dem Verstorbenen vereint fühlte, so wenig bedeuteten ihr tatsächliche Beziehungen. Sie hält sich für frigide gegenüber den meisten Männern und meint, nur wenn sie einen "Schuß" gemacht hat, eine Beziehung aushalten zu können. Sie empfindet starken Ekel von den Gerüchen ihres Körpers, wenn sie sich schmutzig fühlt und noch mehr von den Körpern Fremder. Nur bei jenem verstorbenen Freund sei es anders gewesen. Ihre Erinnerungen an ihn aus der Zeit vor seinem Tod sind unscharf und blaß und es sieht so aus, als hätten sie durch seinen Tod eine Verklärung erfahren. Sie hat sein Hemd noch lange Zeit aufgehoben und es nicht gewaschen und beinahe wie einen Fetisch behandelt.

In den zwei Jahren, in denen ich Mechthild nun kenne, konnte ich mir folgendes Bild von ihrer Entwicklung machen: Als ich einmal Gelegenheit hatte, mit ihrer Mutter zu sprechen, berichtete sie mir, daß sie im 7. oder 8. Monat der Schwangerschaft eine Schlafmittelvergiftung gehabt habe. Das Kind habe ihr so weh getan, da habe sie, um wenigstens schlafen zu können, Tabletten genommen. Die Geburt war ohne Komplikationen. Beide Kinder sind mittels Flasche genährt worden. Noch im ersten Lebensjahr war Mechthild ein paar Wochen in der Kinderklinik, weil sie sich immer so heftig den Kopf gegen das Kinderbett gestoßen hatte. Auffällig war noch, daß sie immer besonders schnell die Flasche geleert und sich hinterher ungewöhnlich stark an sie geklammert hat. Die Flasche hat sie in den ersten drei Jahren nicht hergeben wollen, so daß zu vermuten ist, daß sie den Rang eines "Übergangsobjekts" bekommen hat.

Als Mechthild vier Jahre alt war, verstarb der Vater. Er litt an Darmkrebs und bekam in den letzten Wochen vor seinem Tod Morphiuminjektionen, die eine Krankenschwester verabreichte. Wie die Mutter berichtet, ist Mechthild durch den Tod des Vaters anscheinend wenig beeindruckt gewesen. Sie hat ganz im Gegensatz zum älteren Bruder, der Zeichen von Trauer gezeigt hat, überhaupt keine Reaktion erkennen lassen.

Mit acht oder zehn Jahren, so erinnert sich Mechthild, hat sie sich beim Bürsten der Haare gelegentlich selbst mit der Bürste auf den Kopf geschlagen. In ihrer Jugend war sie eine sehr gute Trampolinspringerin und nahm auch an Meisterschaften teil. Sie war in der Schule beliebt; bei Lehrern und Schülern, und ihre Leistungen waren gut. Mit 15 Jahren traten Schwierigkeiten auf. Sie kam nicht immer pünktlich nach Hause. Mit 16 Jahren hat sie eine Vergewaltigung erlebt. Etwas später freundete sie sich mit ihrem zukünftigen Ehemann, einem Anhänger der damaligen Hippie-Ideologie, an. Sie hat ihn zuerst sehr bewundert, ist mit ihm, ohne die Mutter zu fragen, mehrfach ins Ausland gereist. Später heiratete sie und lebte mit ihrem Mann ein Jahr zusammen, ohne Kinder zu haben. Die Beziehung ist dann rasch für sie enttäuschend geworden.

In dieser Zeit, in der in Deutschland bereits zahlreiche Jugendliche Morphium spritzten, muß es gewesen sein, daß sie von der Mutter aus Sardinien die restlichen Ampullen des für den Vater bestimmten Mittels mitgenommen und zunächst bei sich aufgehoben hatte. Bei einer Gelegenheit - sie war damals noch nicht süchtig, nahm aber häufig LSD - bot sie einem Bekannten, der an Entzugsbeschwerden litt, die Ampullen an. Ihre größte Befürchtung war, er könnte daran zugrunde gehen.

In den letzten Jahren lebt Mechthild durchweg alleine. Die Nähe von Menschen kann sie nur schwer ertragen. Sie spritzt ziemlich regelmäßig Opiate, und gelegentlich ereignet sich ein Selbstmordversuch, zuletzt in der Klinik, als sie sich in eine freiwillige Entzugsbehandlung begeben hatte. In ihrem häufig geäußerten Lebensunmut spiegelt sich eigentlich weniger Lebensüberdruß als Sehnsucht nach dem Tod wider. Wenn sie vom Sterben spricht, spricht sie eigentlich wie von einer Hochzeitsnacht, und häufig hat sie Phantasien, die sich auf eine Wiedervereinigung mit dem verstorbenen Freund beziehen. Einmal erzählt sie, daß sie nach einem "Schuß", den sie sich gemacht hatte, Schmerzen im Arm bekam und sich daraufhin ein feuchtes Tuch um den Arm wickelte und dann auf dem Bett lag. Plötzlich sei eine Vision gekommen von einem Ungeheuer mit Krallen, das sich auf sie habe stürzen wollen. Sie habe schreckliche Angst bekommen, doch sei es ihr gelungen, sich den Freund vorzustellen, und der Gedanke habe sie beruhigt, daß sie nach ihrem Tod bei ihm sein würde.

E. Haas, Selbstheilung durch Drogen? Zur Psychoanalyse der Drogenabhängigkeit von Jugendlichen. FiBü - Bücher des Wissens 6262, Frankfurt/Main 1974, S.115-116 (Ausschnitte)